Wege des Lernens

herausgegeben von Ingo Baldermann, Christoph Bizer, Helmut Ruppel und Michael Weinrich

Band 4

Ingo Baldermann

Wer hört mein Weinen?

Kinder entdecken sich selbst in den Psalmen

5. Aufl. 1995

Neukirchener Verlag

Neukirchener Verlag des Erziehungsvereins GmbH,
Neukirchen-Vluyn

Umschlaggestaltung: Kurt Wolff, Düsseldorf-Kaiserswerth
Umschlagabbildung: Bild zu Psalm 42,4-5 aus dem 9. Jh. mit freundlicher
Genehmigung der Württembergischen Landesbibliothek Stuttgart
(bibl. fol. 23)
Gesamtherstellung: Breklumer Druckerei Manfred Siegel KG
Printed in Germany
ISBN 3-7887-1253-8

Die Deutsche Bibliothek - CIP-Einheitsaufnahme

Baldermann, Ingo:
Wer hört mein Weinen?: Kinder entdecken sich selbst
in den Psalmen / Ingo Baldermann. - 5. Aufl. - Neukirchen-Vluyn:
Neukirchener Verl., 1995
(Wege des Lernens; Bd. 4)
ISBN 3-7887-1253-8
NE: GT

Vorwort

Ein Freund schrieb mir nachdenklich über den Bibelunterricht: »Wir tun auch manches dafür, aber es ist dann nicht sehr viel, was da unten ankommt.« Gerade dies aber war in der Arbeit an den Psalmen die neue Erfahrung: zu sehen, wieviel »da unten« ankommt und sich festsetzt. Wir waren in manchen Stunden einfach überwältigt von dem, was die Kinder zutage brachten.
Es ist schwer, für solche Unterrichtserfahrungen eine Form der Darstellung zu finden, die das Bewegende vermittelt, ohne das Unzulängliche zu verschweigen. Und schon gar nicht läßt sich in diesem Rahmen angemessen wiedergeben, was an eigenen Lernerfahrungen mit den Psalmen hinter diesen unterrichtlichen Versuchen stand. Die Psalmen stehen nicht für eine »Wendung nach innen«, sondern sie waren gerade auch in den Zeiten der sich verschärfenden öffentlichen Auseinandersetzung eine Sprache für den Sprachlosen, ein Licht für den Geängsteten, ein Lied für den Mutlosen.

Zu danken habe ich dem Verlag für die überaus entgegenkommende sorgfältige und rasche Drucklegung, besonders aber auch unserer langjährigen gastfreundlichen Mentorin, Frau Gertrud Weinbrenner, die alles möglich machte, um dieser Arbeit mit den Psalmen Raum zu schaffen; dann den Studenten der Schulpraktika, ohne deren engagierte und kreative Mitarbeit diese Versuche nicht so hätten gedeihen können, vor allem Frau Anke Heide, die diese Arbeit semesterlang treu begleitet und mit immer neuen Anregungen sehr bereichert hat. Es ist nicht zu rechtfertigen, wenn junge Menschen mit so viel Passion und Geschick für den Beruf des Lehrers nach ihrer Ausbildung überall vor verschlossene Türen kommen. Ihnen allen ist dieses Buch zugeeignet.

Siegen, im März 1986 Ingo Baldermann

Inhalt

1
Wie finden wir Zugang?

1.1
Voraussetzungen und Erwartungen

Die Frage, wie wir Kindern einen Zugang zu den Psalmen eröffnen können, beschäftigt mich seit vielen Jahren. Immer wieder komme ich in der Arbeit mit Studenten, aber auch in der Schule darauf zurück. Dabei wird mir immer deutlicher, daß hier sehr grundsätzliche theologische und didaktische Entscheidungen mit weitreichenden Konsequenzen ins Spiel kommen, so weitreichend, daß es gar nicht möglich ist, sie in dem hier gesetzten Rahmen wirklich aufzuarbeiten und zugleich ein zureichend deutliches Bild von den unterrichtlichen Prozessen zu gewinnen, um die es geht. Ich will versuchen, solche Lernprozesse nachzuzeichnen, die sich an den Psalmen entzündeten, und dabei jeweils Rechenschaft zu geben – zunächst über meine persönlichen Voraussetzungen, dann aber auch über die exegetischen, pädagogischen und theologischen Implikationen und Konsequenzen dieser Lernerfahrungen.
Das waren meine Voraussetzungen:
1. In meiner Arbeit ist es eigentlich immer nur um das eine gegangen: Studenten, Schülern und Kindern, Katecheten, Lehrern und mir selbst einen selbständigen Zugang zur Bibel zu erschließen. Das Wort »selbständig« schließt eine Auseinandersetzung mit dem ein, was die historisch-kritische Exegese – neben allem, was nun wirklich unaufgebbar genannt werden muß – doch auch an Entmündigung für den Nicht-Fachtheologen im Gefolge hatte, bis hin zu einer merkwürdigen Wissenschaftsgläubigkeit, die sich wie ein bleiernes Tuch über den Umgang mit biblischen Texten legt. Ich sehe keinen anderen Weg, Christen auf die einstweilen noch unvorstellbaren Herausforderungen vorzubereiten, denen ihr Glaube nach dem Jahr 2000 ausgesetzt ist, als sie zu selbständigem Umgang mit der Bibel zu befähigen.
Ich höre oft den Einwand, dies sei ein viel zu anspruchsvolles, ein typisches Oberschicht-Programm, das über die des Lesens zunehmend ungewohnte junge Generation gänzlich hinweggehe. Aber dieser Einwand gilt eben nur, wenn wir die historisch-kritische Exegese als die einzig legitime Form des Umganges mit biblischen Texten ansehen. Wenn ich lese, was Ernesto Cardenal über den Umgang der Bauern von Solentiname mit biblischen Texten aufgeschrieben hat, dann kann ich nicht mehr glauben, daß selbständiger und sachgemäßer Umgang mit dem Evangelium nur ein Programm für Intellektuelle wäre. Und wenn wir denn wirklich die Notwendigkeit »Öku-

menischen Lernens« bejahen, dann werden wir begreifen, in welchem Maße die Ökumene aus der Bibel lebt und buchstäblich durch dieses Buch zusammengehalten wird.

2. Zu dieser Rechenschaft über die eigenen Intentionen gehört freilich auch die selbstkritische Frage, ob und auf welche Weise ich denn selbst tatsächlich von und mit biblischen Texten lebe und was dies für Texte sind. Ich entdecke dabei, daß es in erster Linie Worte aus Psalmen sind, die mich begleiten, die mir ihre Sprache leihen, wenn mir selbst die Sprache versagt; es sind Worte aus den Psalmen, die nachts die Dämonen vertreiben, die sich mir auf die Brust setzen und mir die Luft abdrücken wollen, und es sind abermals Psalmen, die es mir ermöglichen, den neuen Tag als das große Wunder wie in der Schöpfungsgeschichte zu begrüßen. Natürlich gehören auch Texte der Evangelien dazu, vor allem einige Worte Jesu, Gleichnisse, die Geschichte der Speisung der Fünftausend; aber die Worte aus den Psalmen sind die Basistexte; auch die Sprache der Evangelien ist von ihnen geprägt, und es ist kein Zufall, daß gerade die Passionsgeschichte fortwährend Worte aus den Psalmen aufnimmt.

3. Zu meinen Voraussetzungen gehört schließlich, daß ich es für notwendig halte, mit den Kindern mehr Klarheit darüber zu gewinnen, warum und in welchem Sinne wir eigentlich von und mit Gott reden. Es scheint mir weder gestattet, selbstverständlich vorauszusetzen, daß mit dem Wort Gott schon etwas halbwegs Richtiges und Wichtiges gemeint sei, noch aber – das ist wohl eher die Gefahr des Religionsunterrichts an unseren Schulen in der Bundesrepublik – das Reden von Gott ganz auszusparen. Aber es hat wenig Sinn, mit theologischen Argumenten den Kindern zu sagen, wie man von Gott nicht denken dürfe und wie man dagegen von ihm reden müsse. Geht es um einen selbständigen Zugang zur Bibel und zu der von ihr gemeinten Wirklichkeit Gottes, dann muß dieser Zugang auf eine ganz elementare Weise gewonnen werden. Es gibt dabei in der Bibel kein anderes Buch, in dem so elementar von und mit Gott geredet wird wie in den Psalmen.

So fasse ich den Entschluß, mich im Unterricht endlich gründlicher der Psalmen anzunehmen. Die Literatur gibt mir dazu wenig Hilfen; ich finde einige Psalmenkatechesen, die im Grunde doch historisch-kritisch vorgehen; zuweilen wird ein Psalm wie ein wunderliches Stück fremder Folklore vorgeführt. Mitunter finden sich einzelne Psalmenverse, die als Skopus anderen biblischen Texten oder problemorientiert erörterten Zusammenhängen zugeordnet werden. Das alles ist nicht der Zugang, den ich suche; so muß ich mich selbst auf die Suche machen.

Wer Kinder unterrichtet, hat die Chance, die Welt der Bibel neu zu entdekken. Er ist genötigt, die Bibel mit den Augen der Kinder zu lesen. Dabei kommt manches Unerwartete zutage. Manches ist wunderlich, aber manches Befremdliche führt dann auch auf lange verschüttete elementare Erfahrungen zurück.

Nicht, daß die Kinder von sich aus, sozusagen ganz natürlich, das Elementare schon immer im Blick hätten. In ihrem Denken haben sich wie in dem der Erwachsenen all die Surrogate breitgemacht, die uns in den Medien so attraktiv präsentiert werden. Das Elementare zu entdecken heißt, die primären Erfahrungen von diesen Surrogaten zu unterscheiden, das Wirkliche von seinen trüber werdenden Spiegelungen, die Essenz von ihrem dritten oder vierten Aufguß. Das aber ist immer die Sache eines kritischen Dialoges. In diesem Dialog ist der Lehrer der Anwalt des selbstkritisch reflektierenden Sachverstandes, die Kinder aber Anwälte emotionaler Unmittelbarkeit, wo immer wir es ihnen gestatten. Und in diesem Dialog kommt immer wieder das theologisch Elementare zutage. Darin liegt die besondere Chance des Lehrers, ein Lernender zu sein, nicht nur bei der sachlichen Vorbereitung des Unterrichts, sondern erst recht im Unterricht selbst.

Wer das einmal erfahren hat, wird schon in der Vorbereitung versuchen, die biblischen Texte mit den Augen der Kinder anzusehen, mit dem Vorbehalt, daß am Ende die Augen der wirklichen Kinder noch mehr und anderes entdecken werden. So gehen wir jetzt auch an die Psalmen heran: Wir suchen nach Sätzen in den Psalmen, über denen wir in ein Gespräch mit den Kindern kommen können. Ein Gespräch kann nur entstehen, wenn die Kinder aus ihrem eigenen Wahrnehmen etwas dazu beitragen können. Wir müssen also Sätze finden, zu denen die Kinder einen direkten Zugang finden können, ohne historisch-kritische Erläuterungen von unserer Seite, Sätze, die sie sich auch emotional unmittelbar aneignen können.

Das ist ein anderer Weg als der klassische »von der Exegese zur Katechese«. Wir werden nicht von ganzen Psalmen ausgehen können, sondern nur von einzelnen Versen. Ob sich ein solcher Umgang und seine Ergebnisse exegetisch rechtfertigen lassen, werden wir jeweils fragen müssen. Aber machen wir erst einmal diesen Versuch. Was werden wir entdecken?

Das Ergebnis nach mehrfacher Durchsicht der Psalmen ist theologisch wenig befriedigend: Ich habe eine Reihe von Stellen entdeckt, zu denen auch Kinder direkt Zugang gewinnen können, ohne den schwierigen Umweg historisch-kritischer Verfremdung; aber es handelt sich dabei durchweg um Texte aus der gleichen Gattung: aus der Gattung »Klagelieder des einzelnen«, und innerhalb dieser Gattung um die Form der Klage im engeren Sinne, also um die Bilder der Angst und Bedrohung. Dabei wird mir klar, daß ich diese Bilder auch aus Angstträumen kenne: Das Wasser steigt mir bis an die Kehle; ich versinke im tiefen Schlamm; der Sog zieht mich hinunter; ich gleite, ich stürze und falle; ich liege da, wie gelähmt, und die anderen stehen um mich herum und schauen auf mich herab; ich stürze in einen dunklen Schacht, und das Loch über mir schließt sich.

Mein theologisches Gewissen meldet erhebliche Vorbehalte an; ich habe Bonhoeffers Ingrimm im Ohr über jene Theologen, die die Menschen zunächst bei ihrer Angst packen, um ihnen auf diese Weise das Evangelium zu präsentieren. Ich habe selbst einen tiefen Widerwillen gegen den Ansatz bei der Angst, sei es in theologischer, sei es in pädagogischer oder politischer Arbeit. Aber ich sage mir auch, daß es etwas anderes ist, ob ich jemanden zur Bekehrung drängen oder ob ich Kindern einen eigenen Zugang zur Bibel erschließen will; und das Ergebnis meiner Durchsicht war eindeutig. Nehme ich meinen Ansatz ernst, daß biblische Texte uns auf ihre eigenen Wege des Lernens mitnehmen, dann muß ich den Psalmen auch zutrauen, daß sie uns Wege zeigen, über die Angst hinauszukommen.

1.2
Erste Entdeckungen

ICH HABE MICH MÜDE GESCHRIEN
MEIN HALS IST HEISER
MEINE AUGEN SIND TRÜBE GEWORDEN
WEIL ICH SO LANGE WARTEN MUSS

Was denkt ein Kind, das diese Sätze liest? Der Text, Psalm 69,4, steht an der Tafel; die Kinder wissen nicht, daß es ein Text aus der Bibel ist. Sie suchen aus den Erfahrungen ihrer gerade zehn Lebensjahre einen Zugang:
»Er hat lange geschrien, bis er müde wurde.« – »Vielleicht war es ein Kind!« – Jetzt steigen Erinnerungen auf, und die Vermutungen nähren sich aus eigenen Erlebnissen. Vielleicht, weil es allein zu Hause bleiben mußte? – oder die Mutter hat es verloren, im Supermarkt? – oder vielleicht beim Arzt?
So kommen, vorsichtig angedeutet, selbsterlebte Ängste zur Sprache. Das ist schon viel, denn auch Kinder sprechen nicht gern über ihre Ängste: »Damit blamiert man sich doch nur!« Deshalb kommt in der Regel nicht viel Authentisches zur Sprache, wenn das Thema »Angst« zum Unterrichtsgegenstand erklärt wird. Die Barrieren, von eigenen Angsterfahrungen zu sprechen, sind stark, denn wer das tut, setzt sich empfindlichen Sanktionen aus: Angst zu zeigen heißt ja, Schwäche zu zeigen; und wie werden die anderen mit einem solchen Schwächling umgehen? Auch wenn im Augenblick noch ein Klima des Vertrauens in der Gruppe herrscht, wird er irgendwann doch erfahren, daß einer seine Pfeile auf die offenkundig gewordene schwache Stelle abschießt.
Und es ist ja nicht nur die Gruppe, die Äußerungen der Angst mit Sanktionen ahndet; auch die Erwachsenen, die Erzieher, tun in aller Regel das gleiche. Denn Angst zu äußern ist immer auch ein Protest, möglicherweise noch kaum bewußt, aber doch als solcher durchaus wirksam: Schon das angstvolle Schreien des kleinen Kindes streut Sand ins Getriebe der geplanten Abläufe; das Kind, das schreit, weil es allein zu Hause bleiben muß, ist ungehorsam; sein Schreien zeigt an, daß es nicht bereit ist, sich zu fügen. Und darum wird es, wenn sein Schreien gehört wird, wahrscheinlich nicht getröstet, sondern bestraft.
So haben schon Kinder – und zwar durchweg recht nachdrücklich – die schmerzhafte Erfahrung gemacht, daß es besser ist, Ängste nicht offen zu äußern; so werden die Ängste abgedrängt, aber manchmal wird offenbar,

welche Lasten die Kinder da mit sich herumtragen. Der Psalm aber hat den Kindern eine Sprache für ihre Angst angeboten, und das ist viel: So bekommt die diffuse und namenlose Angst einen Namen und wieder eine greifbare Gestalt; der Psalm durchbricht das Tabu, daß man von solchen Ängsten besser gar nicht spricht, weil das nur Schwäche oder Ungehorsam offenbart. Er gibt uns die Möglichkeit, davon zu sprechen, ohne daß wir uns gefährliche Blößen geben.
Fangen wir an, so die Psalmen zu lesen, so werden wir immer mehr Sätze entdecken, die den Kindern unmittelbar zugänglich sind. Natürlich deckt sich die Sprache der Psalmen nicht mit dem Code, den die Kinder untereinander sprechen; aber dort werden Erfahrungen ausgesprochen, die den ihren so nahe kommen, daß ihnen die Sprache der Psalmen auch gar nicht mehr fremd erscheint; und das ist schon ein zweites didaktisch wichtiges Ergebnis.
Solche Erfahrungen kennen fast alle Kinder:

ICH BIN EINSAM UND ELEND
DIE ANGST MEINES HERZENS IST GROSS (25,16f)
ICH BIN SO MÜDE VOM WEINEN (6,7)
ICH BIN AUSGESCHÜTTET WIE WASSER
MEINE KRÄFTE SIND VERTROCKNET WIE EINE SCHERBE
KRAFTLOS SIND MEINE HÄNDE UND FÜSSE
SIE ABER STEHEN DA UND SCHAUEN AUF MICH HERAB (22,15–18)
SIE FORDERN VON MIR
WOVON ICH NICHTS WEISS (35,11)

Es wird mitunter notwendig sein, die Übersetzung der Sprache der Kinder anzunähern; wir tun dem Original damit keinen Abbruch. Denn Luthers Übersetzung, so stark sie insgesamt ist, klingt an manchen Stellen aus dem Abstand der Jahrhunderte in unseren Ohren doch auch seltsam altertümlich. Dieser barocke Klang ist jedenfalls nicht der des hebräischen Textes:

ICH WEINE UND FASTE BITTERLICH
UND MAN SPOTTET MEIN DAZU (Ps 69,11)

Im Angesicht der Angst hat nur eine ganz einfache Sprache noch Bestand, und so kommen wir mit jeder gelungenen Vereinfachung dem Sinn des Originals noch näher. In diesen Prozeß der Annäherung durch Vereinfachung aber können wir die Kinder einbeziehen: Du würdest es sicher anders übersetzen. Versuche es doch einmal! Ein zehnjähriges Mädchen schrieb aus eigener Erfahrung diesen Vers neu:

Ich weine schrecklich
esse nichts und trinke nichts
und alle lachen mich aus

1.3
Was ist das für eine Sprache?

Der Anfang des gleichen Psalms (69) macht es den Kindern schon etwas schwerer:

> DAS WASSER GEHT MIR BIS AN DIE KEHLE
> ICH VERSINKE IM TIEFEN SCHLAMM
> WO KEIN GRUND IST

Eines erkennen sie sofort: »Das sind alles ängstliche Wörter.« – »Da hat einer Angst, daß er untergeht.« Aber verstehen sie auch, von was für einem Schlamm hier die Rede ist?
Der Fortgang des Gesprächs zeigt, daß die Kinder (ein viertes Schuljahr) tatsächlich anderes im Sinne haben als einen Unfall im Moor: »Da muß jemand anderer sein, der ihm Schlimmes will!« »Vielleicht will er sterben!« »Nein, er hat Angst!« »Vielleicht hat er etwas verbrochen und hat Angst.« »Vielleicht träumt er das nur!« In der gleichen Richtung wird auch im Fortgang dieses Psalms der anfängliche Hilfeschrei präzisiert: Es geht in diesem Kampf mit dem Ertrinken um Feinde und um die eigene Schuld.
Aber können wir dies wirklich so sagen: präzisiert? – Sind denn die Sätze am Anfang, die vom Versinken im Schlamm und von dem Sog der großen Flut sprechen, nicht eine viel genauere Beschreibung der Angst als alles, was nachher von den Feinden gesagt wird? Doch was ist das für eine Sprache, die vom Schlamm spricht und öffentliche Schmähung meint?

> ***Im fahrenden Zug mußte ich mir einen Platz suchen und fand keinen und mußte immer weiter durch den Zug gehen. Plötzlich kam ich an einen Wagen, der voll war mit wilden Tieren; mir blieb keine Wahl, ich mußte hindurch, aber in diesem Augenblick bekam ich eine Spritze in den Hals, die alles lähmte: die Stimme und Hände und Füße.***

Die mir diesen Traum erzählte, hatte keine Schwierigkeiten, die Sprache seiner Bilder zu verstehen; aber erstaunlich war für uns die Nähe zu denen des 22. Psalms:

> MICH UMGEBEN MÄCHTIGE STIERE
> DIE RIESEN VOM BASAN UMRINGEN MICH
> SIE REISSEN IHREN RACHEN GEGEN MICH AUF
> LÖWEN REISSEND UND BRÜLLEND
> WIE WASSER BIN ICH DAHINGEGOSSEN
> ALL MEINE KNOCHEN LÖSEN SICH
> SIE LÄHMEN MIR HÄNDE UND FÜSSE
> ICH KANN ALL MEINE KNOCHEN ZÄHLEN
> SIE ABER STEHEN DA UND SEHEN AUF MICH HERAB

Wie kommt es, daß wir Bilder unserer Träume in den Psalmen wiederfinden? Dazu gehören auch noch andere, die immer wiederkommen: das Gleiten und Stürzen (116,8), das dunkle Loch, das sich über mir schließt (69,16), das Wasser, das mir bis zum Halse steigt, die Flut, die alles mitreißt und mich in die Tiefe zieht, das Tuscheln ringsum (31,14), die Finger, die auf mich zeigen. Es muß wohl so etwas geben wie eine elementare Bilderschrift der Angst, die wir in unseren Träumen ebenso finden wie in den Psalmen. Setzen wir beide miteinander in Beziehung, so wird uns das helfen, beide noch genauer zu verstehen.

Wir pflegen hier von sprachlichen »Bildern« oder von bildhafter Sprache zu reden, doch dabei kommen falsche Untertöne ins Spiel. »Bild« klingt nach Veranschaulichung oder gar nach rhetorischer Kunstfertigkeit, und dafür jedenfalls läßt die wirkliche Angst keinen Raum. Deshalb erscheint zunächst auch der Begriff der Metapher als unangemessen – weshalb sollte denn wohl die Angst den Umweg metaphorischer Sprache wählen? Sicher gibt es auch Situationen, in denen die Angst sich nur verschlüsselt äußern mag; aber der Hilfeschrei am Anfang dieses Psalms will nicht verschlüsselt und auf Umwegen, sondern so direkt wie möglich seinen Adressaten erreichen.

Die Diskriminierung der Metapher als einer rhetorischen Kunstfigur hat seit Adolf Jülichers Gleichnisbuch die exegetische Diskussion beherrscht. Erst die neuere Sprachwissenschaft hat ihr wieder mehr Gerechtigkeit widerfahren lassen; an moderner Lyrik etwa ist zu lernen, daß die Metapher kein Ornament ist, sondern die präzisest mögliche Formulierung von Erfahrungen, die sich anders nicht zur Sprache bringen lassen. Und eben so begegnet sie uns auch in der Sprache unserer Träume. In unseren Träumen kommen unsere Emotionen elementar zur Sprache, vor allem auch unsere Ängste, freilich in eigenartigen Bildern, die aber, wenn wir sie als Metaphern begreifen, in einer bestürzenden Präzision reden. Wir haben für unsere Ängste (und wohl überhaupt für den ganzen Bereich emotionaler Erfahrung) keine ähnlich genaue Sprache wie die solcher Metaphern.

Dann aber will die Metapher auch in biblischer Sprache als eine notwendige Form begriffen sein: »Metaphorische Rede ist weder uneigentliche noch vieldeutige Sprache, sondern eine besondere Weise eigentlicher Rede und eine in besonderer Weise präzisierende Sprache« (Jüngel, Wahrheit 119). Kindern jedenfalls ist diese Semantik bildhafter oder metaphorischer Sprache nicht fremd, auch nicht im Alter des sog. »kritischen Realismus«. Mir ist der Satz eines Elfjährigen zu Ps 69 noch genau in der Erinnerung geblieben: »Der Schlamm – das ist wie der Sog des Todes!« Freilich gibt es Unterschiede, wie rasch und wie bewußt Kinder die Eigenart dieser Sprache wahrnehmen; aber auch in dem oben beschriebenen Gesprächsgang waren sie doch auf dem Wege dorthin. Das zeigen die Sätze, die am Ende fielen. »Vielleicht träumt er das nur!« Wenn die Angst sich zu Vorstellungen verdichtet – und wie anders sollte sie eine Sprache finden? –, hat sie tatsächlich den Charakter eines Wachtraumes. Die Angst nimmt einschneidende Leid-

erfahrungen vorweg, nicht nur rational, sondern vor allem auch emotional. Das einschränkende »nur« legt den Finger darauf, daß die Vorwegnahme noch nicht Wirklichkeit geworden ist, noch nicht unwiderruflich so eingetroffen; es kann also ein Wort der Hoffnung sein. Es kann aber auch den notorischen Widerstand der anderen gegen die Angst des einen anzeigen, nicht ein Zeichen der Hoffnung, sondern der Indolenz, der fehlenden Sensibilität für die Bedrohung.
Der Geängstete selbst weiß sehr genau, daß seine Angst genug Anhalt in der Realität hat; aber wie soll er sich den anderen verständlich machen? Wie soll er die Mauer ihrer unerschütterlichen Indolenz durchbrechen? Das durchschlagend einfache Gegenargument heißt: Es ist doch noch gar nichts geschehen! Die neuen Raketen stehen da, aber wir leben immer noch! Im Anrennen gegen diese Indolenz erst gewinnt die Sprache der Angst jene Leidenschaft, die wir in den Psalmen finden. Es ist nicht orientalischer Überschwang, der den Geängsteten nach immer neuen Bildern greifen läßt, sondern die Erfahrung, in taube Ohren zu schreien.
Schon deshalb wird die historisch-kritische Fragestellung so unergiebig, wenn sie aus den Psalmen die »Situation des Beters« ermitteln will. Die Worte der Angst liefern ja gerade keine Beschreibung, sondern versuchen sichtbar zu machen, was die anderen nicht wahrnehmen wollen. Der Geängstete kann sich nicht auf das beschränken, was »der Fall ist«; er erfährt, daß die anderen ihn beschwichtigen wollen, indem sie nur gelten lassen, was vor aller Augen ist; er aber weiß, daß das bestenfalls die halbe Wahrheit ist und seine Angst jedenfalls nicht gegenstandslos macht.

*Gleichgültigkeit / Trägheit / unempfindlichkeit

1.4
Exegetische Bedenken

Was ist in diesem ersten Arbeitsgang mit Psalmentexten geschehen? Den Kindern ist eine Sprache der Angst begegnet, die sie sich aneignen können. Sie ist geeignet, auch eigene Ängste auszusprechen. Sie bietet viele Möglichkeiten, sich weiter in sie zu vertiefen: Kinder können Bilder malen, sie können die Ängste pantomimisch darstellen. Sie können entdecken, daß sie selbst manchmal so etwas träumen. Und sie haben sich mit alledem ein Stück der Bibel wirklich angeeignet; sie finden sich selbst darin wieder. Damit läßt sich didaktisch noch mehr gewinnen. Aber wir müssen zunächst einmal innehalten und abermals Rechenschaft geben: Sind wir den Psalmen exegetisch gerecht geworden, oder haben wir ihnen Gewalt angetan? Wenn wir davon ausgehen, daß jeder biblische Text nur im Zusammenhang gelesen werden darf und nur so verstanden werden kann, dann ist unser Vorgehen höchst fragwürdig. Aber dieser Grundsatz stimmt schon bei den Evangelien nicht mehr. Niemand wird heute mehr im Ernst sagen, synoptische Texte ließen sich nur aus dem Zusammenhang des jeweiligen Evangeliums verstehen; die Formgeschichte hat uns den Blick geschärft für die ursprüngliche Gestalt und die Kostbarkeit der einzelnen kleinen Bausteine, aus denen die Evangelisten ihr Werk zusammengefügt haben. Ob die einzelnen Stücke der synoptischen Tradition theologisch mehr Gewicht haben als das Werk der Evangelisten, darüber ließe sich streiten, obwohl sehr viel dafür spricht; didaktisch jedenfalls haben die einzelnen Bausteine allemal das Prae, weil sie – ich muß hier den Komparativ benutzen – elementarer sind als die immerhin schon recht komplexe und diffizile Theologie der Evangelisten.

Mit einem ähnlichen Sachverhalt aber haben wir es auch bei den Psalmen zu tun. Das zeigt sich schon an den vielen Versatzstücken, die – wortgleich – an verschiedenen Stellen im Psalter wiederkehren. Es zeigt sich aber etwa auch, daß der vieldiskutierte Zusammenhang von Klage und Lob im Klagelied des einzelnen nicht ein ursprünglich gegebener Zusammenhang ist, sondern das Ergebnis eines Wachstumsprozesses, den Hartmut Gese etwa dadurch veranlaßt sieht, daß bei der Todah, dem Dankopfermahl, nicht nur das Lob laut wird, sondern zugleich noch einmal die überwundene Not in der Gestalt der Klage vergegenwärtigt wird (Psalm 22 und das Neue Testament, in: Sinai 190f). Der Sitz im Leben hat hier die Verbindung von Lob und Klage herbeigeführt, aber es ist deutlich, daß die Klage natürlich zunächst einmal in der Situation der Bedrängnis formuliert wurde, noch ohne eine feste Verbindung zum Jubel des Erretteten. Zu Recht hat Hartmut Gese gefordert, mehr noch als bisher der Gesamtstruktur eines Psalms Aufmerksamkeit zu schenken (ebd. 184f), und in der Tat lassen sich in diesem außerordentlich dichten Gefüge der Beziehungen und wiederkehrenden Stichworte überraschende Entdeckungen machen. Aber Stichwortanschluß ist auch in den synoptischen Evangelien gerade nicht das Zeichen für ursprüngliche Einheit, sondern für spätere Zusammenfügung. Die ursprünglichen Einheiten, mit denen wir es im Psalter zu tun haben, sind offenbar nicht die einzelnen Psalmen, sondern ihre Elemente: etwa die Bilder der Angst oder die Worte des Vertrauens, die diesen entgegengesetzt werden.

Es kommt aber noch ein wichtiger Gesichtspunkt hinzu: Zu den Grundmustern historisch-kritischer Exegese gehört die Frage nach der besonderen Situation, in der ein Text entstanden ist. Die formgeschichtliche Fragestellung mit ihrer Reflexion auf soziale Strukturen, die die Form eines Textes prägen, hätte diese Fragestellung eigentlich relativieren müssen, aber merkwürdigerweise wird in Psalmenkommentaren immer wieder die Frage nach der »Situation des Beters« gestellt, und die Antworten, die darauf gefunden werden, sind zuweilen fast schon lächerlich. Diese Frage so zu stellen heißt einfach, die Entstehungsbedingungen solcher Texte wie der Psalmen zu mißachten. Denn sie sind nun einmal nicht niedergeschrieben als Zeugnisse für das Gebetsleben einzelner Frommer, sondern als Gebrauchstexte, dazu bestimmt, von vielen nachgesprochen und von Generation zu Generation weitergegeben zu werden. Die Situationsangaben aus dem Leben Davids etwa, die manchen Psalmen vorangestellt sind, sind offensichtlich sekundär und fiktiv; sie sind ohnehin nicht historisch-kritisch

gemeint, sondern als Angebot zur Identifikation. Ihre heutige Form jedenfalls haben die Psalmen und ihre einzelnen Sätze nicht durch einzelne erfahren, sondern im Gebrauch der vielen, und dieser Gebrauch hat alles ausgewaschen, was nur individuell war. David, Repräsentant einer neu aufkommenden Spiritualität, mag unkonventionelle Wege des Betens gewiesen haben; bewahrt worden aber ist davon nur, was auch von den vielen nachvollzogen werden konnte.
Auf diesem Hintergrund wird die Stärke der Psalmen um so deutlicher: Wo *wir* versuchen, zu verallgemeinern und Sätze zu sprechen, die viele nachsprechen können, wird unsere Sprache abstrakt und blaß; die Sprache der Psalmen aber ist alles andere als abstrakt und blaß: Sie hat die ganze Leidenschaft der Angst und der Freude bewahrt; sie ist allgemeingültig formuliert und dennoch ganz konkret geblieben.

1.5
Exemplarische Klage eines einzelnen: Psalm 22

Die formgeschichtliche Arbeit seit Hermann Gunkel hat uns das Profil der unterschiedlichen Psalmengattungen deutlicher erkennen lassen. Die stärkste von ihnen im Psalter ist die Klage des einzelnen; etwa ein Drittel aller Psalmen gehören ihr an; und einer der stärksten Psalmen dieser Gattung ist der Psalm 22. Er wird auch im folgenden in unserer Arbeit mit den Kindern besondere Beachtung fordern; deshalb schicke ich einige Erläuterungen zu seinem Charakter und seinem Inhalt voraus, zugleich als Rechenschaft über unsere exegetischen Voraussetzungen.
In diesem Psalm fand die älteste Christenheit den Schlüssel zum Verständnis der Passion Jesu; die Passionsgeschichte zitiert ihn mehrfach. Aber wir werden ihm nicht gerecht, solange wir ihn nur als eine Vorausdarstellung des Leidens Jesu lesen; er hat seinen Ort zunächst einmal unter den Gebeten geängsteter Menschen im Alten Testament, und erst wenn wir ihn so lesen, werden wir seine Wiederaufnahme im Neuen Testament wirklich verstehen.
Wir kennen den Anfang des Psalms als den Todesschrei Jesu:

(2) MEIN GOTT MEIN GOTT WARUM HAST DU MICH VERLASSEN

Aber in der Bibel ist dies zunächst einmal der Hilferuf vieler geängsteter, vereinzelter Menschen. Jesus steht, wenn auch als ein Besonderer, in der langen Kette dieser Menschen.
Dieser erste Satz enthält schon die ganze Spannung des Psalms. Die Anrede »mein Gott« beschwört die größte persönliche Nähe, aber als Kontrast zu der jetzt erfahrenen Verlassenheit. Die so geschärfte Sprache vermittelt etwas anderes als die Erfahrung der Nicht-Anwesenheit Gottes, die dem modernen Menschen schon zur Grundstimmung geworden ist; in dem Kontrast spricht sich vielmehr die ganze Verzweiflung preisgegebenen Vertrauens aus.

Darüber wird schon der erste Satz des Gebets, die Anrede, zur Anklage: Warum? Die Verlassenheit ist nicht nur ein Gefühl, sondern die harte Erfahrung, daß der Hilfeschrei ohne Antwort bleibt:

(3) ICH RUFE . . . UND DU ANTWORTEST NICHT

Wir dürfen die Härte dieser Erfahrung nicht abmildern, indem wir sagen: Immerhin steht ja die Existenz Gottes offenbar noch nicht in Frage. Denn was soll dem Geängsteten die Existenz eines verschlossenen, tauben und stummen Gottes? Die Erfahrung, der Angst preisgegeben zu sein, wird nicht dadurch gemildert, daß die Existenz Gottes unbestritten bleibt, sondern sie wird noch verschärft. Der Atheismus, der von der intellektuell begründeten Voraussetzung der Nicht-Existenz Gottes ausgeht, erscheint moderat gegenüber dieser Leidenschaft der biblischen Anklage, mit der die Menschlichkeit Gottes eingeklagt wird und also existentiell alles auf dem Spiel steht. Wohl aus diesem Grunde kann für Ernst Bloch »nur ein Christ . . . ein guter Atheist sein« (Atheismus, Prolog).
Die scharfen Dissonanzen des Anfangs werden im folgenden ausgeführt: Mit dem harten Gegensatz von »Du aber« (4) – »Ich aber« (7) – »Ja, du« (10) wechseln auch Thematik und Klangfarbe. Mit »Du aber« werden andere Gotteserfahrungen aus der Erinnerung und Überlieferung beschworen: Die Lobgesänge Israels sind recht eigentlich Sein Thron. Die Väter haben dies erfahren: Wenn sie schrien, wurden sie errettet. Dagegen steht die unmittelbar gegenwärtige Erfahrung:

(7) ICH ABER BIN EIN WURM UND KEIN MENSCH
EIN SPOTT DER LEUTE UND VERACHTET VOM VOLKE
(8) ALLE DIE MICH SEHEN VERSPOTTEN MICH
VERZIEHEN DEN MUND UND SCHÜTTELN DEN KOPF
(9) ER KLAGE ES DEM HERRN DER HELFE IHM HERAUS
UND RETTE IHN HAT ER GEFALLEN AN IHM

Die Klangfarbe des Zitats (V. 9) ist schwer zu ermitteln: Ist es die fromme Vertröstung, die wie Hohn empfunden wird, oder der vernichtende Spott derer, die ihm schon immer unterstellten, auf einen nach den eigenen Wünschen zurechtgemachten Gott zu vertrauen? Damit hat die Klage alle ihre perspektivischen Möglichkeiten ausgeschöpft: den Blick auf Gott, auf mich selbst, auf die bedrohlichen anderen (in der Terminologie der Formgeschichte: auf die Gott-Klage folgt die Ich-Klage und die Feind-Klage). Nun wird noch einmal das Du zum Thema, aber nicht mehr in den fernen Erfahrungen der Väter, sondern ganz nah herangeholt, bis in die gewissesten Erfahrungen meines eigenen Lebens:

(10) JA DU HAST MICH AUS MEINER MUTTER LEIBE GEZOGEN
DU LIESSEST MICH GEBORGEN SEIN
AN DER BRUST MEINER MUTTER

(11) AUF DICH BIN ICH GEWORFEN
VON MEINER MUTTER SCHOSS AN
VON MUTTERLEIB AN BIST DU MEIN GOTT

Das letzte Wort der Klage nimmt ihr erstes Wort auf: Mein Gott. Dazwischen steht der Kampf mit der Erfahrung der Ferne Gottes. Die Väter haben die Nähe Gottes erfahren, doch die Erfahrungen der Väter sind mir noch zu fern. Aber Gottes Nähe ist auch in meinem Leben zu erkennen, gerade in einem Augenblick, in dem ich sie selbst noch nicht wahrnehmen konnte, im Rückblick aber um so deutlicher wahrnehmen muß - an dem Wunder meiner Geburt, am Anfang meines Lebens. Und diese dort erkennbare unmittelbare Nähe Gottes zu meinem ganz eigenen Leben setzt der Psalm nun gegen die erdrückende Erfahrung der Angst:

(12) SEI NICHT FERNE VON MIR DENN ANGST IST NAHE

Der Psalm könnte hier zu Ende sein; statt dessen folgt eine neue Klage, die die Bilder der Bedrohung noch gewaltiger auftürmt. Wieder durchmißt die Klage alle ihr zugänglichen Perspektiven, aber diesmal in umgekehrter Reihenfolge: Am Anfang steht der Blick auf die Feinde, dann auf mich selbst, zuletzt der Blick auf Gott.

(13) GEWALTIGE STIERE HABEN MICH UMGEBEN
DIE STARKEN VON BASAN HABEN MICH UMRINGT
(14) IHREN RACHEN SPERREN SIE GEGEN MICH AUF
WIE LÖWEN REISSEND UND BRÜLLEND
(15) ICH BIN AUSGESCHÜTTET WIE WASSER
ALLE MEINE KNOCHEN HABEN SICH VONEINANDER GELÖST
MEIN HERZ IST IN MEINEM LEIBE
WIE ZERSCHMOLZENES WACHS
(16) MEINE KRÄFTE SIND VERTROCKNET WIE EINE SCHERBE
UND MEINE ZUNGE KLEBT MIR AM GAUMEN
UND DU LEGST MICH IN DES TODES STAUB

»Die Starken von Basan«, eigentlich ein Ausdruck emphatischer Bewunderung für die Kraft dieser Stiere, wird jetzt, in der Erfahrung des wehrlos Ausgelieferten, zum Inbegriff der Bedrohung. Aber die Bilder wandeln sich wie die eines Traumes: Aus den drohenden Schädeln der Stiere werden plötzlich aufgerissene Rachen wie die von Löwen. Die Klage zeichnet uns nicht die äußeren Konturen einer bestimmten bedrohlichen Situation (die Feind-Klage ließe auf eine äußere Bedrohung, die Ich-Klage dagegen eher auf schwere Krankheit schließen), sondern die Tiefenstruktur der erlittenen Angst, in der sich äußere und innere Bedrohung zu einem Syndrom verdichten.

Der Psalm scheint hier abermals an sein Ende gekommen, doch noch einmal erhebt sich die Klage, jetzt in einer nicht mehr lösbaren Verschlingung der Perspektiven von Ich- und Feindklage:

(17) DENN HUNDE HABEN MICH UMSTELLT
UM MICH HER SAMMELN SICH VERBRECHER
SIE LÄHMEN MIR HÄNDE UND FÜSSE
(18) ICH KANN ALLE MEINE KNOCHEN ZÄHLEN
SIE ABER SCHAUEN ZU UND SEHEN AUF MICH HERAB
(19) SIE TEILEN MEINE KLEIDER UNTER SICH
UND WERFEN DAS LOS UM MEIN GEWAND

Luthers Übersetzung »Sie haben meine Hände und Füße durchgraben« geht auf die alte griechische Übersetzung zurück, die »Septuaginta«; der hebräische Text hat an dieser Stelle ein nicht eindeutig übersetzbares Wort, das aber jedenfalls die Unfähigkeit beschreibt, sich noch mit Händen und Füßen zu wehren. Wir verengen den Psalm, wenn wir seine Sätze sofort auf die uns bekannten Bilder der Passionsgeschichte beziehen. Das gilt auch für die Verteilung der Kleider: Dieser Satz spiegelt die beängstigende und verletzende Erfahrung zumal alter Menschen, über die Dinge des eigenen Besitzes, selbst die vertrautesten Dinge, nun andere achtlos verfügen zu sehen.
Die Gewalt dieser Klage wird nicht mehr, wie im Anfang des Psalms, durch Worte des Vertrauens erhellt, sondern nach dem Gesetz der Form wäre jetzt eine letzte Steigerung der Anklage Gottes zu erwarten. Tatsächlich beginnt der nächste Satz mit dem scharfen Kontrast: Aber Du, Herr –; doch bleibt dieses »Du« nicht mehr Gegenstand der Anklage, sondern einer andringenden Bitte, in der sich die Bilder der vorausgegangenen Klage noch einmal widerspiegeln. Die Bitte nimmt die Klage tatsächlich in der Symmetrie des Spiegels auf: Sie beginnt mit der zuletzt genannten Bedrohung durch die Menschen (das Schwert) und verfolgt die Bilder der Klage weiter zurück von den Hunden bis zu dem Rachen des Löwen und den wilden Stieren. Das ist offenbar nicht ein nur ästhetisches Spiel, sondern ein Hinweis darauf, daß die Angst auch im Gebet nur langsam, Schritt für Schritt, zu durchdringen, nicht aber mit einem großen Sprung zu überwinden ist. Der Anfang dieser Bitte aber schlägt die Brücke zurück zu dem Anfang und dem ersten Teil dieses Psalms; dort war es die Erfahrung der Ferne Gottes, die den Inhalt wie die Struktur der ersten Klage bestimmte und diese wie eine Klammer zusammenhielt (V. 2 und 12):

(20) ABER DU HERR SEI NICHT FERNE
MEINE STÄRKE EILE MIR ZU HELFEN
(21) ERRETTE MEINE SEELE VOM SCHWERT
MEIN LEBEN VON DEN HUNDEN
(22) HILF MIR AUS DEM RACHEN DES LÖWEN
UND VOR DEN HÖRNERN WILDER STIERE

So wie sich in dem letzten Teil der Klage die Ich-Klage mit der Feind-Klage verbindet, so ist hier ein einfaches Vertrauenswort in die Bitte mit hineingenommen: Du meine Stärke. Auch hier bereitet das hebräische Wort Übersetzungsprobleme, doch jedenfalls wird Gott mit einem Namen genannt, der das vollkommene Gegenstück zu der Ohnmachtserfahrung ist, die zuvor in der Klage ausgesprochen wurde.
Es scheint aber so, als ob in der Bitte auch ein anderes, noch stärkeres Vertrauenswort verborgen wäre. Die folgende Zeile (V. 23) spricht betont von dem »Namen« Gottes, und eben diesen Namen nennt auch die Bitte; die deutschen Bibeln geben ihn sehr unzulänglich mit »Herr« wieder. Er ist tatsächlich unübersetzbar; doch wird gerade mit dem Namen Gottes (wie die Erzählung 2. Mose 3 zeigt, wo dieser Name Gottes thematisiert wird) die Zusage seiner Nähe verbunden. Wir werden darauf noch zurückkommen müssen (vgl. Kap. 4.2).
Der Name Gottes ist zuvor in diesem Psalm nur in den hämischen Worten der anderen genannt worden (V. 9), in einer Form, die die Zusage seiner Nähe in ihr Gegenteil verkehrt. Die Bitte entwindet den Namen denen wieder, die ihn so mißbrauchen, und der folgende Lobpreis läßt seine Verheißung voll erblühen:

(23) ICH WILL DEINEN NAMEN KUNDTUN MEINEN BRÜDERN
IN DER GEMEINDE WILL ICH DICH RÜHMEN
(24) RÜHMT DEN HERRN . . .
(25) DENN ER HAT NICHT VERACHTET NOCH VERSCHMÄHT
DAS ELEND DES ARMEN
UND SEIN ANTLITZ VOR IHM NICHT VERBORGEN
UND ALS ER ZU IHM SCHRIE HÖRTE ER'S
(26) DICH WILL ICH PREISEN IN DER GROSSEN GEMEINDE
ICH WILL MEINE GELÜBDE ERFÜLLEN . . .
(27) DIE ELENDEN SOLLEN ESSEN DASS SIE SATT WERDEN
UND DIE NACH DEM HERRN FRAGEN
WERDEN IHN PREISEN
EUER HERZ SOLL EWIG LEBEN

Dies macht den Namen Gottes, der in den Psalmen gerufen wird, zu einem Eigennamen, der ihn von den anderen Göttern unterscheidet: daß er das Elend des Armen sieht, daß er ihr Schreien hört (Ps 69,34); damit hat seine Geschichte mit Israel angefangen (2. Mose 3,7). Er wohnt in der Höhe, doch er gehört nicht zu denen, die oben sind, sondern zu denen ganz unten (Ps 113,6ff).
Die Erfüllung des Gelübdes trägt, so wie sie hier beschrieben wird, die Züge der Todah, der Dankopferfeier im Tempel: Das Dankopfer aus Anlaß des wiedergewonnenen Lebens wird als ein großes, festliches Gemeinschaftsmahl gefeiert. Und eben darin spiegelt sich die erfahrene Rettung: Die Elenden sollen essen, daß sie satt werden; ihr Herz soll aufleben.

Realistischer Einschätzung im Sinne unserer Alltagserfahrung entspräche es, dieses Aufleben als ein befristetes Aufatmen zu nehmen, dem neue Bedrängnis zwangsläufig folgen wird. Der Psalm läßt das nicht gelten; das Aufleben soll für die Ewigkeit Bestand haben. So versteht sich das Lob der Psalmen offenbar nicht als Ausdruck einer Stimmung, die mit anderen wechselt, sondern als ein Durchbruch zum Eigentlichen, nicht als eine befristete Aufhellung, sondern als das Wiedergewinnen der Wirklichkeit. Das Lob beläßt unsere Erfahrungen nicht in ihrer tiefen Zweideutigkeit; es konstituiert eine Welt, in der das Leben das letzte Wort hat. Das Lob dieses Psalms sprengt dabei alle räumlichen und zeitlichen Grenzen, und es überschreitet dabei auch die eine Grenze, die das Alte Testament sonst strikt einhält, die des Todes:

(30) IHN ALLEIN WERDEN ANBETEN ALLE
DIE IN DER ERDE SCHLAFEN
VOR IHM WERDEN DIE KNIE BEUGEN ALLE
DIE ZUM STAUBE HINABFUHREN
UND IHR LEBEN NICHT KONNTEN ERHALTEN

Im Zentrum dieses umfassenden Lobes aber, als seine Begründung, steht ein Begriff, der auch im Zentrum der Predigt Jesu steht: Es ist die Herrschaft Gottes, die den Sieg des Lebens über die Mächte der Angst und des Todes verbürgt:

(29) DENN DES HERRN IST DAS REICH
UND ER WIRD HERRSCHEN UNTER DEN VÖLKERN

So ist es nicht nur die Klage des Anfangs, die diesen Psalm mit dem Neuen Testament verbindet. Hartmut Gese hat in seiner Exegese (Psalm 22 und das Neue Testament, in: Sinai 180ff) diese Beziehungen ausführlicher dargestellt. Er sieht in Ps 22 die Grundlage für »das älteste Verständnis des Golgathageschehens« (ebd. 196) und damit den Ansatzpunkt aller späteren Entfaltungen der Christologie, noch elementarer als die messianische oder die in Anlehnung an Jesaja 53 entwickelte Christologie des Sühnopfers: Die Erfahrung der Nähe Gottes auch in der äußersten Verlassenheit hat die Macht der Angst und des Todes überwunden.

Die besondere Elementarität gerade dieses Psalms wird uns immer wieder zu ihm zurückführen. Er unterscheidet sich darin aber nur dem Grade nach, nicht grundsätzlich, von den anderen Klage- und Lobpsalmen. Auch hier gibt es Sätze, die uns fremd bleiben, und auch die ganz elementaren Sätze erschließen sich nicht immer auf den ersten Blick. Doch beginnen wir erst einmal, die Psalmen genauer zu lesen, so werden viele davon (nicht alle) ähnlich durchsichtig werden und ähnlich eindringlich reden wie dieser.

Es bleiben zwei formale Fragen nach dem Verhältnis der einzelnen Teile dieses Psalms zum Ganzen.

Die erste Frage zielt auf das Verhältnis von Lob und Klage: Wie kommt es zwischen V. 22 und V. 23 zu dem Umbruch von der tiefsten Klage zu dem alle Grenzen sprengenden Lob? In der exegetischen Diskussion gibt es verschiedene Erklärungsmuster. Eines übernimmt der Text der revidierten Lutherbibel, indem er am Ende von V. 22 den Satz einfügt: Du hast mich erhört!

Hier steht im hebräischen Text ein Wort, dessen Übersetzung Schwierigkeiten bereitet. Dieses Wort läßt sich parallel zu V. 21 als Bezeichnung für das Leben (die »Seele«) des Beters verstehen. Es läßt sich aber auch von einem hebräischen Verb ableiten, das »antworten« oder »erhören« bedeutet. Dies tut (wie Martin Buber) auch der revidierte Text der Lutherbibel; und so steht nun zwischen der Klage und dem Lob die Gewißheit der Erhörung.

Manche Exegeten haben vermutet, daß dem Klagenden diese Gewißheit durch einen Zuspruch des Priesters vermittelt wurde. Aber gerade dieser Zuspruch erscheint in dem Text des Psalms nicht, und so steht dieser Versuch einer Rekonstruktion exegetisch nicht auf besonders starken Füßen. Ist die andere Möglichkeit denkbar, daß der Beter, gerade indem er die Tiefen der Angst durchlebt und in der Klage ausspricht, sich zu der Gewißheit seiner Rettung durchringt? Damit wäre die befreiende Macht der Klage sehr hoch veranschlagt. Wir können sie zuweilen selbst so erfahren; deshalb ist diese Erklärung nicht auszuschließen.
Einleuchtender aber scheint es mir doch, davon auszugehen, daß zwischen der Klage und dem Lob nicht nur die Zusage, sondern die Erfahrung der Errettung liegt. Wie aber ist dann das Zusammenwachsen der beiden Teile zu erklären? Hartmut Gese (a.a.O., 190f) geht davon aus, daß die Feier des Dankopfers der »Sitz im Leben« (d.h. der die Form prägende ursprüngliche Ort des Gebrauchs) eines solchen Psalms ist. Zu der Feier des Dankopfers gehört das Loblied ganz ursprünglich hinzu; aber das Lob wird in diesem Ausmaß erst verständlich, wenn auch der dunkle Hintergrund der durchlittenen Angst gegenwärtig ist. In anderen Psalmen geschieht das durch einen kürzeren Hinweis, hier aber dadurch, daß noch einmal der ganze Weg der Angst begangen wird.
Das bedeutet aber, daß die uns jetzt vorliegende Gestalt des Psalms eine gewachsene Form ist, d.h. daß Klage und Lob in unterschiedlichen Situationen ihre Form gewonnen haben und zunächst unabhängig voneinander entstanden sind. Die sprachlichen Verbindungen zwischen beiden Teilen sind dementsprechend schwach; erschienen sie im Psalter als selbständige Psalmen, käme niemand auf den Gedanken, eine ursprüngliche Einheit beider Teile zu postulieren.
Die Frage stellt sich noch einmal im Blick auf die ursprüngliche Einheit der Klage. Auch hier stehen die beiden Teile (2–12 und 13–19) sprachlich kaum verbunden nebeneinander; erst die Einleitung der Bitte (20) verbindet beide Teile miteinander.
Aber auch diese beiden Teile der Klage sind offenbar noch nicht ihre ursprünglichen Einheiten. Dagegen spricht der schnelle Wechsel unter-

schiedlicher Bilder, die wohl jetzt in der strengen Form eines inneren Ablaufs miteinander verbunden, ursprünglich aber doch offenbar auf sehr unterschiedlichem Boden gewachsen und unabhängig voneinander entstanden sind; zu unterschiedlich ist das Material, aus dem sie geformt sind. Offenbar haben wir es in einem Psalm mit einer ähnlich komplexen Einheit zu tun wie in einem Evangelium. Auch eine so durchgestaltete Form wie die des 22. Psalms gibt noch den Blick frei auf kleinere, ursprünglich selbständige, lebendige Einheiten, »Kristalle der Sprache« (Westermann), aus denen der ganze Psalm zusammengefügt ist. Die Zusammenfügung geschah nach dem Gesetz des »Sitzes im Leben«, letztlich also des festlichen Dankopfers, bei dem die Tiefe der überwundenen Angst noch einmal gegenwärtig werden muß, weil erst so das Lob seine Evidenz gewinnt. Die einzelnen Teile der Klage aber haben ihren eigenen »Sitz im Leben« abseits des Tempels und seiner Gottesdienste, in elementaren Erfahrungen der Angst, die ihre Sprache erst suchen und die zugleich alte und neue Gegenworte des Vertrauens auf den Plan rufen: Worte, die zum Widerstand gegen die Angst helfen.

2
Psalmen als Gebrauchstexte

2.1
Wie wählen wir aus?

Die Psalmen sind voll von Worten, die Kinder sich direkt aneignen können. Das gilt vor allem von den Worten der Angst in den sogenannten Klagepsalmen, und unter ihnen besonders von den drei Leidenspsalmen 22, 31 und 69, deren Worte im Neuen Testament in der Passionsgeschichte wiederaufgenommen werden. Bei der Suche nach solchen Worten, die Kindern den Zugang eröffnen, müssen wir uns freilich Zeit nehmen; beim Überfliegen werden wir sie noch nicht entdecken; sie sind auch nicht einfach identisch mit den in alten Ausgaben dickgedruckten Stellen. Ich habe meine Psalmen mit eigenen dickgedruckten Stellen durchsetzt: Wo ich solche Worte finde, streiche ich sie an; das erleichtert das Wiederfinden, und sie prägen sich auch besser ein.
Es ist gut, für eine neue Klasse auch neue Psalmenworte zu suchen; einmal gelungene Gesprächsabläufe entwickeln sich in der Erinnerung leicht zur Norm, an der jeder andere Versuch in einer neuen Klasse gemessen wird: Dann bin ich womöglich enttäuscht, wenn das Gespräch anders läuft, und höre gar nicht mehr, was hier nun auch anderes zur Sprache kam.
Versuchen wir es einmal mit Psalm 31. Beim ersten Lesen scheint er nach Form und Inhalt der Welt der Kinder sehr fern. Aber dann entdecken wir doch einige Sätze, in denen sich auch Kinder wiederfinden können:

NEIGE DEINE OHREN ZU MIR (31,3)

Daß sich einer herunterbeugt, um mich zu hören, ist eine typische Kindererfahrung, eine wichtige und wohl auch tröstliche Erfahrung. Aber ist die Wendung »neige deine Ohren« für Kinder nicht zu deutlich gewählte Sprache, eben Erwachsenensprache? Doch sollen wir den Wortlaut verändern? Wie könnten wir ihn verändern, ohne daß seine Konkretion verlorenginge?
Wo wir den Wortlaut der Lutherübersetzung erhalten können, werden wir das tun. Es bedeutet viel, wenn die Kinder die Psalmenworte, die sie im Unterricht kennengelernt und sich angeeignet haben, im gedruckten Text der Bibel wiederfinden. Auf einmal haben sie dort Inseln der Vertrautheit. Es gibt auch keine Psalmenübersetzung, die der Luthers in ihrer Elementarität auch nur annähernd ebenbürtig wäre. Nur sprechen nicht alle Sätze Luthers gleich elementar zu uns; die Entwicklung der Sprache hat vieles se-

mantisch verfremdet; manche Sätze, die einmal elementar waren, klingen für unsere Ohren wie gespreizte ›Sprache Kanaans‹. Wer in solchen Fällen den hebräischen Text vergleichen kann, wird fast immer den Eindruck haben, daß der einfacher spricht. So wäre eine Vereinfachung immer im Sinne des Urtextes, freilich nur eine solche, die den Text nicht glättet und abstrakter und farbloser macht. Die Übersetzung der Guten Nachricht »Hör mich doch!« ist eine solche Glättung. Vielleicht finden die Kinder selbst eine bessere Übersetzung?

Ein starker Satz steht in dem gleichen Vers: »Sei mir ... eine Burg.« In Luthers Zeit ist dieses Wort gesättigt mit Anschauung, und der Wortstamm, von dem es abgeleitet ist, »bergen«, ist offenbar noch im Sprachgebrauch präsent. Natürlich kennen Kinder Burgen, als Spielzeug, als Ruinen oder als denkmalsgeschützte historische Bauten. Aber können sie das Bergende der Burg noch empfinden? Sie kennen sicher auch das Gefühl des Geborgenseins in den kleinen Unterschlupfhütten, die sie sich selber bauen. Aber werden sie diese Empfindung mit dem Wort »Burg« verbinden? Wenn wir jedoch übersetzen: »Unterschlupf«, bekommt das Wort einen anderen Sinn. »Schutzraum« oder gar »Bunker« verbieten sich von selbst. Mir kommt Psalm 90 in den Sinn: »Du bist unsere Zuflucht.« Für mich enthält das Wort Zuflucht alles, was das Wort Burg anzeigt, aber sagt es das auch für die Kinder?

Auch die grammatische Konstruktion ist für die Kinder noch zu umständlich: Sei mir eine Burg. Wir müßten sagen: Sei du meine Burg! So nimmt dann auch der folgende Vers diese Bitte auf: Denn du bist ... meine Burg. Freilich ist das unscheinbare Wort »mir« durch das »meine« nicht wirklich ersetzt.

Dies ist jedenfalls ein Satz, den wir im Gedächtnis behalten sollten; nur ist er für die Eröffnung eines ersten Gesprächs noch nicht geeignet. Wir brauchen einen noch einfacheren Satz. Weiter unten stoßen wir auf die Klage: »Ich bin geworden wie ein zerbrochenes Gefäß« (V. 13). Auch dies würden Kinder von sich aus nicht so formulieren, aber jedenfalls werden sie die Situation auf Anhieb verstehen. Sie werden von sich aus etwas dazu sagen können, und wir sind neugierig, was sie sagen. Um den Satz noch etwas zu vereinfachen, streichen wir das Wort »geworden«.

Aber dieser Satz kann nicht alleine stehen. Werden die Kinder mit dem Bild des Gefäßes zurechtkommen? Der Bildcharakter wird durch das »wie« ausdrücklich unterstrichen. Aber wenn die Kinder sich mit dem Gefäß identifizieren, könnte das Gespräch einen Zug ins Märchenhafte bekommen. Deshalb ist es sicher gut, ihm einen anderen Satz an die Seite zu stellen, der dazu nötigt, das Bild zu verlassen und direkt vom Menschen zu sprechen. Genau zu dem Bild des zerbrochenen Gefäßes paßt Psalm 22,18:

ICH KANN ALLE MEINE KNOCHEN ZÄHLEN
SIE ABER SCHAUEN ZU UND SEHEN AUF MICH HERAB

Auch dies ist ein Satz, den die Kinder mit eigenen Erfahrungen füllen können; dabei nennt die zweite Zeile noch dichter und direkter das Beängstigende solcher Erfahrungen; so werden wir zunächst einmal nur sie ins Gespräch bringen.
Wir wissen, daß wir im Umgang mit der Angst der Kinder behutsam sein müssen. Wir wollen ja nicht Ängste mobilisieren, sondern helfen, mit ihnen zu leben. So sollten schon in diesem ersten Gesprächsgang nicht nur Worte der Angst, sondern auch Worte gegen die Angst ins Gespräch kommen. Sie dürfen nur nicht weniger elementar sein als die Worte der Angst, sonst werden sie nichts ausrichten.
Das Wort von der Burg könnte ein solches Gegenwort sein, aber es will ganz und gar nicht zu dem Bild des zerbrochenen Gefäßes passen. »Du bist mein Gott!« (V.15) ist sicher ein ganz starkes und elementares Trostwort, doch an dieser Stelle des Gesprächs eingeführt, könnte es einen didaktisch-theologischen Kurzschluß verursachen. Wir kennen ja die Neigung, Gott als Lösung aller Probleme ins Spiel zu bringen; das ist auch für die Kinder verführerisch, weil sich so tatsächlich fast alle Fragen des Religionsunterrichts »lösen« lassen; nur bedeutet diese Art der Lösung das Ende jedes ernsthaften Gespräches. Es gibt in den Psalmen nicht nur Sätze, die sich unmittelbar erschließen, sondern auch andere, die wir erst nach einem längeren Weg verstehen. Sie mögen einfach erscheinen, sie sind es nicht. Der Satz »Du bist mein Gott« gehört zu ihnen.
Es findet sich aber in Psalm 31 noch ein anderes, ähnlich starkes und elementares, aber nun auch gerade von unseren Ausgangssätzen her direkt verständliches Wort. In Vers 8 steht: »daß du mein Elend ansiehst«. Der hebräische Text gibt uns das Recht, diesen Satz in einen Hauptsatz zu verwandeln. In dieser Form werden wir ihn den Sätzen der Angst entgegenstellen:

DU SIEHST MEIN ELEND AN

Das stark betonte »Du« könnte die Frage hervorrufen, wer denn mit diesem Du gemeint ist. Aber diese Frage ist in unserem ganzen Vorhaben angelegt; wir können und wollen der Frage nach Gott ja nicht ausweichen; nur soll sie zunächst einmal als Frage begegnen und offengehalten werden und nicht mit einer vorschnellen Lösung zugeschüttet werden.
So gehen wir nun mit diesen Psalmworten in den Unterricht. Es handelt sich um Kinder des 4. Schuljahrs. Die Schule liegt in einem Stadtteil, in dem ein erheblicher Teil der Kinder und ihrer Eltern unverhältnismäßig stark von sozialen Problemen belastet ist. Die Psalmworte werden im Laufe des Gespräches ohne eine Erläuterung oder einen ausdrücklichen Impuls der Unterrichtenden an der Tafel erscheinen. Was mag sich daraus für ein Gespräch ergeben?

2.2
Ich bin wie ein zerbrochenes Gefäß

Zu Beginn der Stunde steht dieser Satz (Ps 31,19) in großen Buchstaben an der Tafel:

ICH BIN WIE EIN ZERBROCHENES GEFÄSS

Viele Kinder melden sich.

Ali: Da ist was von Zerbrechen . . .
Christoph: Man sagt auch manchmal, ich bin wie ein zerbrochenes Gefäß, wenn man also in der Schule nicht gut ist.
Jens: – wenn man gar nicht mehr kann.
Jan: Das ist ein Vergleichssatz – man vergleicht das Gefäß mit sich selbst.
Hendrik: – wenn man ganz im Eimer ist.
Ute: – wenn man denkt, ich bin zu nichts nütze.
Ali: Das Gefäß ist wie ein Herz, ein zerbrochenes Herz oder so.
Monika: Manche denken, man sei ja gar nichts wert.

Der ausdrückliche Vergleich »Ich bin wie . . .« macht es den Kindern offensichtlich leicht, das zerbrochene Gefäß mit eigenen Erfahrungen zu verbinden. Die Studentin versucht, die Kinder über die Ebene des rationalen Vergleichs hinaus zu führen und sie zu einer noch stärkeren Identifikation mit dem Gefäß zu veranlassen, wie sie der Psalm selbstverständlich voraussetzt.

Impuls: Wenn so ein Gefäß sprechen könnte?

Hendrik: Aua! (Gelächter)
Jan: Ich bin am Boden zerstört.
. . .: Kann mich denn keiner kleben?
Jens: Man hat mich einfach auf den Boden geschmissen.
. . .: Warum muß ich schon kaputt sein? Ich möchte so gerne noch dastehen an meinem schönen Ort; ich möchte noch nicht in den Mülleimer.
Ute: Jetzt kann mich keiner mehr gebrauchen.
. . .: Warum mußte ich denn unbedingt hinfallen?

Schon in dieser frühen Phase kommt spontan von der Seite der Kinder die für die Psalmen charakteristische Frage: Warum? ins Spiel. Die Studentin schreibt jetzt ohne Kommentar das Psalmwort an die Tafel:

SIE ABER SCHAUEN ZU
UND SEHEN AUF MICH HERAB

. . .: Wenn jetzt ein Kind sich weh getan hat und liegt auf'm Boden, und die anderen wollen dem helfen, da gucken die auch auf den herab.

Danny: Wenn sich einer die Knochen gebrochen hat, und dann gucken die zu und tun nichts und holen keinen Arzt oder so.

Jan: Das muß ja peinlich sein, wenn man so angestarrt wird.

Hendrik: O Gott, jetzt glotzen die alle nur auf mich!

Ali: Der schämt sich, daß er kaputt ist.

. . .: Jetzt muß ich in den Mülleimer!

Christoph: Mir sind die beiden Sätze mal passiert. Ich war in der Turnhalle und hab' da Fußball gespielt; wir, wir haben da'n Turnier, da waren wir auch ganz schlecht. Da haben die auch runtergeguckt auf mich, weil ich die Binde hab', und da war ich auch'n bißchen zerbrochen, weil ich kein Tor geschossen hab'.

Hier versetzen sich die Kinder sofort in die Situation dessen, der am Boden liegt. Sie ergänzen als Anlaß einen Unfall und vermeiden den Gedanken an eine aktive Feindseligkeit der Umstehenden, wie sie der Psalm voraussetzt, obwohl sie selbst solche Erfahrungen ohne Frage kennen. Aber auch so empfinden sie sehr stark die Vereinzelung dessen, der am Boden liegt; sie werden sie später mit dem nicht ganz treffenden Adjektiv »peinlich« zu beschreiben versuchen.

Offenbar hat das Psalmwort eigene Vorstellungen von solchem Gewicht entbunden, daß nur noch ein Kind die Brücke zu dem Bild von dem zerbrochenen Gefäß schlägt (jetzt muß ich in den Mülleimer!). Die Äußerungen der anderen Kinder sind wohl emotional, aber nicht mehr auf der Bildebene mit der vorausgegangenen Gesprächsphase verbunden.

Aber das jetzt wider auftauchende Bild vom zerbrochenen Gefäß veranlaßt eine eigenartige Schleife im Gesprächsverlauf:

Jens: Wenn wir zum Beispiel 'ne Vase fallen lassen, dann gucken wir auch zuerst mal ganz traurig da drauf.

Natascha: Wenn ich 'ne Vase fallen lasse, da gucke ich erst gar nicht da drauf, dann zeige ich das als erstes gar nicht meiner Mutter.

Ali: Wenn ich jetzt 'ne Vase kaputt mache, krieg ich manchmal Ärger von meiner Mutter.

Hendrik: Wenn ich Ärger kriege von meiner Mutter oder meinem Vater, störe ich mich erst gar nicht dran; wenn die mal was fallen lassen, kann ich ja genauso meckern.

. . .: Wenn man was fallen läßt, hat man zuerst immer Angst.

Die letzte Äußerung zeigt, daß es sich hier nicht um kleine, belanglose Abenteuer handelt, sondern auf einmal bringen die Kinder, was sie sonst vermeiden, persönliche Angsterfahrungen und eigene Versuche, sie zu bewältigen, direkt zur Sprache. Aber Jan bringt das Gespräch wieder in den ursprünglichen Zusammenhang:

Jan: Wenn ich mich jetzt in das Gefäß 'reinversetze, dann würde ich sagen: Mist, alle machen jetzt wegen mir so'n Umstand.
Hendrik: Das wär' mir dann auch peinlich, wenn jetzt alle wegen mir so'n Trara machen.
Cornelia: Manchmal, wenn wir zum Beispiel auf dem Schulhof hinfallen, da – mir ist es mal passiert, da bin ich auf die Wiese gefallen; da wußte ich zuerst nicht mehr, wo ich war. Da standen dann auf einmal alle um mich rum. Das war vielleicht peinlich!

Schwieriger aber wird das Gespräch über den Psalmvers, den wir als Trostwort den Worten der Angst entgegenstellen wollten:

DU SIEHST MEIN ELEND AN

Michael: Wenn jetzt 'ne Frau mit Kindern arm ist, und der eine hat 'n schönes Haus, da könnte auch dann einer sagen: Du siehst doch mein Elend an! Du wohnst besser als ich!
Katinka: In Religion, da haben wir auch so 'n Buch, und da sind auch immer so Bilder drin, wie arm die Menschen sind.
Gökmen: Wenn jetzt 'n Kind 'n Teller runtergeschmissen hat und das sieht den so an – wenn ich jetzt meine, ich wär' der Teller, dann tät ich zu dem Kind sagen: Du siehst ja mein Elend an!
Jens: Wenn einer sich irgendwo verletzt und 'n anderer steht dabei und guckt ganz starr auf den.
Christoph: Als Rock Hudson noch lebte, da sah man auch schon, daß er bald stirbt.
. . .: Erst ist einer kaputt, dann kommen erst alle und gucken, dann kommt einer und hilft ihm.
Hendrik: Es gibt ja auch manche Leute, wenn jemand gefallen ist, die gukken dann blöd drauf und helfen dem gar nicht!

Erst am Ende dieser Gesprächsphase bekommt das Wort den Klang eines hilfreichen Hinschauens, den es im Psalm hat. Aber im Fortgang des Gespräches wird es dann schließlich doch in diesem Sinne aufgenommen:

Jan: Das ist genauso wie die Geschichte vom barmherzigen Samariter. Das Gefäß ist dann der eine Mann, der überfallen wurde; sie aber schauen zu und sehen auf mich herab: Das sind dann die Priester und die da kamen; du siehst mein Elend: Das war der Samariter. Das ist, wo er den dann ins Gasthaus bringt.

Auf die Frage nach einer Überschrift für das Ganze machen die Kinder Vorschläge, die noch einmal wie Schlaglichter die unterschiedlichen Aspekte ihres Verständnisses erkennen lassen:

Gökmen: Das Schicksal des zerbrochenen Tellers.
Jan: Eine peinliche Situation.
Monika: Hilf mir!

Erstaunlich war nicht nur die Bereitschaft der Kinder zu einer so ausgedehnten konzentrierten Mitarbeit; erstaunlich war auch, wie die Worte der Psalmen in der Verbindung mit den eigenen Erfahrungen der Kinder oder auch mit einem anderen Bibeltext (der Geschichte vom barmherzigen Samariter) besprochen wurden. Wenn wir nur die richtigen Worte auswählen, können wir mit Grundschulkindern ein eingehendes Unterrichtsgespräch über Psalmentexte führen. Das Gespräch wird dadurch so lebendig, daß die Kinder hier die Gelegenheit haben, aus ihrem Erleben Eigenes in das Gespräch einzubringen; an keiner Stelle kam es zu einer bloßen Reproduktion angelernter theologischer Formeln. Das aber ist für den Unterrichtenden eine bewegende Erfahrung: im Gespräch über biblische Texte von den Kindern selbst lernen zu können.
So haben wir einen ersten Einstieg in die Psalmen gewonnen. Aber wie erreichen wir, daß die Kinder auf diesem Neuland festeren Boden unter ihren Füßen gewinnen? Was müssen wir tun, damit es nicht bei dem flüchtigen Eindruck eines einzelnen interessanten Gesprächs unter ungezählten anderen bleibt? Die Beschreibung klingt aber doch so, als ob die Klasse mit dieser Art von Unterricht schon Erfahrung hätte?

2.3
Formen der Aneignung

Wie arbeiten wir weiter mit diesen Entdeckungen? Die Sätze, an denen sich so überraschende Gespräche entzündeten, dürfen nicht gleich wieder mitsamt dem, was in den Gesprächen gesagt wurde, in die Vergessenheit absinken, wie Spreu, die der Wind verweht. Aber wie läßt sich etwas davon bewahren? Mechanisches Auswendiglernen würde alles wieder zerstören. In den Gesprächen geschah so etwas wie eine erste Aneignung der Psalmenworte. Wir müssen nach noch anderen Formen der Aneignung suchen, die die Psalmenworte und vielleicht auch die Gespräche darüber erneut in Erinnerung ruft und kreativ in neue Zusammenhänge einordnet.
Unvergeßlich ist mir aus einem meiner ersten Unterrichtsversuche mit den Psalmen ein Impuls, der von den Kindern selbst kam: Sie wollten die Psalmen »spielen«. Ich war zunächst sehr abwehrend, weil ich vorauszusehen meinte, wie alles bisher von den Kindern erstaunlich Gesagte nun in der Ausgelassenheit des Spielens untergehen würde. Aber die Kinder wußten sich durchzusetzen, und mir stehen noch heute einige dieser pantomimisch gestalteten Spielszenen vor Augen: Da geht einer unter und hat die Hand hilfesuchend ausgereckt, aber keiner ergreift sie. Dieses Bild hat sich nachher noch in vielen Zeichnungen der Kinder niedergeschlagen. Es scheint eine Gebärde zu sein, die sich tatsächlich aus dem Anfang des 69. Psalms wie von selbst ergibt.

Gespenstisch war eine andere Szene: Da schleppen einige einen Gefangenen herein und fangen an, ihm die Kleider vom Leibe zu ziehen und sie untereinander aufzuteilen. »Sie teilen meine Kleider unter sich und werfen das Los um mein Gewand« (Ps 22,19). Wir kennen die Szene aus der Passionsgeschichte, aber gerade in deren Rahmen empfinden wir merkwürdigerweise ihre ungeheuer verletzende Drastik gar nicht mehr.

Die Pantomime ist gerade durch die Beschränkung der Mittel (es darf keinesfalls gesprochen werden) eine anspruchsvolle Form der Nach- und Neugestaltung. Es verlangt Phantasie und eine gelöste Atmosphäre, um die pantomimischen Fähigkeiten der Kinder (und auch unsere eigenen) überhaupt zu entdecken und zu entbinden. Und es fordert Geduld und konzentrierte Arbeit, wenn die Darstellung wirklich das Gemeinte erreichen soll. Sie ist der Sprache der Psalmen angemessener als das Rollenspiel.

Gerade im Zusammenhang unseres Themas zeigt sich eine besondere Stärke der Pantomime darin, daß sie immer den Charakter eines Spiels bewahrt. Sie vergegenwärtigt nicht nur die in den Psalmen ausgesprochene Angst, sie spielt mit ihr und vermag sie so zu bannen. Es gehört dazu, daß die gespannte Aufmerksamkeit plötzlich in befreiendes Gelächter oder lautstarken Beifall umschlägt.

Die Pantomime wird in Partner- oder Gruppenarbeit entstehen. Wird sie dann vor dem Plenum gezeigt, wird ihr bei Kindern wohl immer die Aufmerksamkeit der Zuschauenden sicher sein. Manche Darstellung wirkt sich unmittelbar als Gesprächsanreiz aus. Wollen wir die Spannung des Zuschauens intensivieren, so werden wir das Thema nicht vorher nennen, sondern es erraten lassen. Es muß im Kreis der bisher gelesenen, besprochenen oder aufgeschriebenen Psalmenworte zu finden sein. So werden sie alle immer wieder vergegenwärtigt, und zugleich wird die Darstellung doppelt scharf an ihrem Thema gemessen.

Es gibt freilich Worte, die sich nur schwer der pantomimischen Darstellung öffnen. Zu ihnen gehört das Ausgangswort des beschriebenen Gespräches: »Ich bin wie ein zerbrochenes Gefäß.«

Hier könnte eine Gruppe das Zerbrechen und Auseinanderspringen darstellen. Aber gerade dieser Vorgang ruft nach einer Übersetzung in Töne und Klänge, etwa mit Orffschen Instrumenten. Gelingt das, so läßt sich die Sprache der Instrumente noch weiter entfalten: Sie könnten auch die Klage des Zerbrochenen wiedergeben. Aber die Arbeit der Aneignung verlangt auch ganz einfache, sozusagen technische Hilfsmittel: Als ganz unersetzlich erwiesen sich einfache Pappkarten (Aktendeckel DIN A4 oder DIN A3), auf denen jeweils einer der schon besprochenen oder neu einzuführenden Sätze aus den Psalmen stand. Diese Karten ermöglichen mit ein wenig Phantasie eine ungeahnte Vielfalt von Arbeitsmöglichkeiten:

Die Kinder sitzen im Kreis, und in der Mitte liegen die Karten. Jedes Kind sucht sich selbst eine Karte, seine Karte, aus und sagt ein paar Worte, warum es gerade diese Karte gewählt hat. Die Auswahl gibt zuweilen überraschende Hinweise, welche Worte die Kinder besonders ansprechen, aber auch, welche Worte mißverständlich sind oder Verstehensschwierigkeiten bereiten. Die Erläuterungen waren unterschiedlicher Art:

. . .: Ich rufe, und du antwortest nicht – wenn ich zum Beispiel meine Mutter rufe.
. . .: Das Wasser geht mir bis an die Kehle – wenn einer brüllt, sagt er: Das Wasser geht mir bis an den Hals!
. . .: Ich bin wie ein zerbrochenes Gefäß.
. . .: Wenn mich welche verprügelt haben, dann fühle ich mich wie ein zerbrochenes Gefäß.

Ein Junge, dessen Stellung in der Klasse ganz unangefochten schien, suchte sich zu unserer Überraschung dieses Wort als sein Wort aus: »Ich habe mehr Feinde, als ich Haare auf dem Kopf habe« (Ps 69,5).
Die Karten können an die Tafel oder an die Wände (oder auch an eine Flanellwand) geheftet werden, und in diesem Vorgang liegt schon die Aufforderung, zu überlegen, welche Worte zueinander passen und welche nicht. Die Karten haben gegenüber einer Tafelanschrift den offensichtlichen Vorzug, daß die gefundene Ordnung ganz mühelos aufgelöst und umgruppiert werden kann; die Karten geben Raum zum Probieren.
Dabei gibt es ganz verschiedene Möglichkeiten, zueinander passende Worte zusammenzufinden: Am einfachsten geht es nach der Grundstimmung, also etwa die Worte der Angst (traurige Worte) von denen des Vertrauens zu unterscheiden; schwieriger ist es schon, nach formalen, also grammatischen Kriterien zu ordnen: Die Klage (als Aussagesatz) unterscheidet sich von dem eigentlichen Hilferuf »Hilf mir«, »Errette mich«, der im Imperativ steht. Die Schwierigkeit liegt darin, daß in der Tiefenstruktur ja schon die Klage einen Hilferuf enthält, auch wenn sie ihn nicht ausdrücklich ausspricht; und das nehmen auch die Kinder wahr. Aber die formalen Unterscheidungskriterien sind wichtig, weil wir auch noch Psalmenworte ganz anderer Art in den Unterricht einbeziehen werden und die Vielfalt für die Kinder nicht unübersichtlich werden soll. Dabei ist der Prozeß der Klärung, den wir mit solchen Versuchen der Ordnung in den Köpfen der Kinder bewirken wollen, nicht im ersten Anlauf zu vollenden. In diesen Vorgängen des Unterscheidens und Zueinanderordnens vollziehen sich ganz elementare Lernprozesse, die viel Zeit brauchen, immer wieder von neuem geübt werden und dabei doch nicht langweilig werden müssen.
Eine Intensivierung des Verstehens und der Aneignung werden wir erreichen, wenn wir Karten zusammensuchen, deren Bilder zueinander passen: etwa Bilder des Versinkens oder andere, die mich umstellt und wehrlos ausgeliefert zeigen, Bilder der Verlassenheit, des Stürzens und Fallens, der Angst vor der Finsternis. Dafür können die Karten auch in Kärtchen für die Hefte der Kinder verwandelt und die Ordnungsaufgaben individuell gestellt und differenziert gelöst werden. Und noch reizvoller werden solche Aufgaben, wenn wir nicht nur Wortkarten ordnen, sondern Worte zu Bil-

dern, zu einer Pantomime oder zu Klangfiguren aus Orffschen Instrumenten suchen.

Besonders eindrucksvoll war schließlich ein Spiel mit imaginären Karten nach einer Ferienpause von drei Wochen. Die Kinder saßen im Kreis, aber es lagen keine Karten in der Mitte. Die Kinder stellten sich vor, sie lägen da, und holten eine nach der anderen aus ihrer Erinnerung hervor. Am Ende fehlte keine; es waren mehr als zwanzig. Dabei waren nur wenige Unterrichtsstunden vorausgegangen, in denen wir mit diesen Karten gearbeitet hatten, und wir hatten dabei die Aufgabe des Einprägens nie ausdrücklich gestellt.

2.4
Ein Gespräch über Psalm 22

Viele Worte aus den Psalmen sind den Kindern jetzt vertraut, sie sind zu ihren eigenen Worten geworden. Sie können sie in der Bibel wiederfinden, und so bilden sie dort Inseln des Vertrauten. Aber werden sie stabil genug sein, um auch den Textzusammenhang eines ganzen Psalms zu erschließen? Oder wird, wie zuweilen auch bei uns, der Eindruck der Fremdheit zurückbleiben?

Wir machen einen Versuch mit Psalm 22. Er hat unter den Klagepsalmen besonderes Gewicht, und deshalb dient er im Neuen Testament als Schlüssel zum Verständnis des Leidens Jesu. Das macht unser Vorhaben nicht leichter, denn wenn die Kinder die Bezüge zur Passionsgeschichte entdekken, droht das Mißverständnis, als sei der Psalm in Wahrheit gar nicht ein Gebet aus tiefster Angst, sondern eine geheimnisvolle Voraussage des Schicksals Jesu. Das wäre nicht nur didaktisch verhängnisvoll, weil der Psalm damit den Bezug zu der eigenen Erfahrung der Kinder verlöre; dem Gespräch ginge das Stimulans des ganz eigenen Entdeckens und Verstehens verloren. Es wäre aber auch theologisch gefährlich, weil Jesus so nur noch Vollstrecker des Vorausgesagten wäre und wir damit die Angefochtenheit seines Weges und die Tiefe seiner Angst bagatellisieren würden, und das hieße: seine wahre Menschlichkeit leugnen.

Wir werden den Kindern den 22. Psalm nicht in seinem ganzen Umfang vorlegen. Der Text muß für sie übersichtlich bleiben. Wir wollen aber andererseits den biblischen Textzusammenhang erhalten. So konzentrieren wir uns auf den stärksten Abschnitt, den zweiten Klagegang (V. 13–19), und ergänzen diesen durch einige Verse aus der vorausgehenden ersten Klage. Dabei ist wichtig, daß unser Text nicht nur auf Worte der Angst und Klage im engeren Sinne beschränkt bleibt, sondern auch die anderen zum Klagepsalm gehörigen Formen, jedenfalls die der Bitte und des Vertrauenswortes, einbezieht. Daraus ergibt sich die folgende Textvorlage:

(2) MEIN GOTT WARUM HAST DU MICH VERLASSEN
ICH SCHREIE ABER MEINE HILFE IST FERNE

(3) ICH RUFE DOCH DU ANTWORTEST NICHT
(7) ICH BIN EIN WURM UND KEIN MENSCH
(8) ALLE DIE MICH SEHEN VERSPOTTEN MICH
(10) DU LIESSEST MICH GEBORGEN SEIN BEI MEINER MUTTER
(11) DU BIST MEIN GOTT VON MEINER MUTTER SCHOSS AN
(12) SEI NICHT FERNE VON MIR DENN ANGST IST NAHE
DENN ES IST HIER KEIN HELFER
(13) GEWALTIGE STIERE HABEN MICH UMGEBEN
MÄCHTIGE BÜFFEL HABEN MICH UMRINGT
(14) IHRE RACHEN SPERREN SIE GEGEN MICH AUF
WIE EIN BRÜLLENDER REISSENDER LÖWE
(15) ICH BIN AUSGESCHÜTTET WIE WASSER
MEIN HERZ IST IN MIR WIE ZERSCHMOLZENES WACHS
(16) MEINE KRÄFTE SIND VERTROCKNET WIE EINE SCHERBE
UND MEINE ZUNGE KLEBT MIR AM GAUMEN
(17) DENN HUNDE HABEN MICH UMGEBEN
UND DER BÖSEN ROTTE HAT MICH UMRINGT
SIE HABEN MEINE HÄNDE UND FÜSSE DURCHGRABEN
(18) ICH KANN ALLE MEINE KNOCHEN ZÄHLEN
SIE ABER SCHAUEN ZU UND SEHEN AUF MICH HERAB
(19) SIE TEILEN MEINE KLEIDER UNTER SICH
UND WERFEN DAS LOS UM MEIN GEWAND
(20) ABER DU HERR SEI NICHT FERNE
MEINE STÄRKE EILE MIR ZU HELFEN

An einer Stelle haben wir die Textvorlage theologisch vereinfacht. Wir haben in Vers 16 den Spitzensatz der Klage fortgelassen:

UND DU LEGST MICH IN DES TODES STAUB

Dieser Satz treibt die Klage auf die Spitze: Er identifiziert Gott mit den Mächten des Todes. Es ist insofern ein ungeheuerlicher Satz. In der Tiefe der Anfechtung, sagt Luther, ist zuweilen das Angesicht Gottes nicht mehr von der Fratze des Teufels zu unterscheiden; und aus solcher Tiefe spricht dieser Satz. Aber er sagt dies nicht als eine theologische Feststellung; die Syntax des Aussagesatzes trügt. Der so redet, bäumt sich gerade damit auf gegen das, was er sagt: Es kann doch nicht wahr sein, daß Gott das Werk der Vernichtung übt und sich zum Handlanger des Todes macht! Der Satz ist ein letzter bitterer Appell an Gott, diese erdrückende Identifizierung nicht wahr werden zu lassen.

Fest steht: Dieser Satz wird zutiefst mißverstanden, wenn er in dem Sinne einer Bestätigung der selbstverständlich vorausgesetzten Allmacht Gottes gelesen wird. Wenn er so gemeint wäre, wäre der 22. Psalm und mit ihm alle anderen Klagepsalmen gar nicht erst aufgezeichnet worden; sie wären gegenstandslos, wenn Gott wirklich identisch wäre mit allem, was geschieht.

Läßt sich bei Kindern dieses Mißverständnis vermeiden? Ich meinte, sie seien überfordert mit der Dialektik dieses Satzes, der ausspricht, was er eigentlich bestreitet. Aber ich bin unsicher, ob ich sie damit nicht schon wieder unterschätzt habe. Sie sprechen ja selbst durchaus zuweilen auch in solchen dialektischen Sprachfiguren, die etwas völlig anderes meinen, als sie sagen. Vor allem aber geben mir Aufzeichnungen aus einem Gespräch zu denken, das ich in anderem Zusammenhang, aber zur gleichen Thematik, freilich mit Elfjährigen, geführt habe. Ich muß darauf noch zurückkommen (s.u. 4.3). Zunächst aber will ich die Gesprächsmöglichkeiten beschreiben, die der Text des 22. Psalms eröffnete.

Am Anfang steht die erstaunliche Erfahrung, daß ein solcher Text für die Kinder überhaupt motivierend ist. Ich bin früher der Meinung gewesen, nur ein erzählender Text sei in der Lage, Kinder zu eigenen Beobachtungen und Assoziationen anzustoßen. An diesem Punkte habe ich nachhaltig umgelernt. Es kommt nur darauf an, daß der vorgelegte Text offen für die eigenen Erfahrungen der Kinder ist, daß sie Interessantes beobachten und Fixpunkte für Assoziationen finden können. So begann auch unser Gespräch mit der Erinnerung an die früher besprochenen Karten mit Psalmenworten:

Andrea: Wir hatten das auch auf der Karte: Warum hast du mich verlassen?

Michael: Hier – warum hast du mich verlassen? Ich rufe – du antwortest nicht! Das sind verlassene Wörter. Die verlassen einen, vielleicht, weil er was Schimmes getan hat.

Simone: Ich rufe, du antwortest nicht.

Jens: Ich kann alle meine Knochen zählen, sie aber schauen zu und sehen auf mich herab: Das hatten wir auch so.

Die starke Wendung von den »verlassenen Wörtern« meint offenbar Worte der Verlassenheit. »Die«, d.h. die anderen, »verlassen einen«; oder meint Michael am Ende doch: Die Worte verlassen einen? Jedenfalls kommt hier schon das Problem der Schuld ins Spiel, und zwar durchaus nicht angelernt, aber ganz im Sinne der Psalmen: Die Angst zieht die Frage der eigenen Schuld geradezu wie ein Magnet auf sich.

Jetzt bringt Cornelia zunächst einmal formale Beobachtungen ins Spiel. Sie knüpft an eine vorausgegangene Stunde an, in der Psalmenworte geordnet wurden in Worte der Angst, der Bitte und des Vertrauens:

Cornelia: Die Sprüche hier, die haben auch mit den Sätzen an der Tafel zu tun. Warum hast du mich verlassen: Da sind zuerst auch die Fragen, ich schreie vor Angst, ich bin hilflos; da fragt man so. Und dann: Du bist mein Gott, hör mich doch an. Und hinterher, beim letzten: Du hilfst mir.

Hendrik: Bei der 19 – was heißt denn da: das Los?

Michael: Man kann ja auch ein Los kaufen.

Christoph: Die kaufen das Los, um das Kleid zu kriegen.
Cornelia: Als Jesus am Kreuz gestorben ist, da haben die Soldaten auch um sein Gewand gewürfelt.
Cornelia: Was sind eigentlich Rotten?
Michael: Das sind bei der Rotte böse Menschen.
. . .: Vielleicht Hunde.
Michael: Da steht ja schon: Hunde haben mich umgeben *und* der bösen Rotte. Da muß es ja noch etwas anderes sein.
Christoph: Das sind Menschen, die Rotte.
Alexander: Sünder.

Die Formanalyse wird nicht weiter verfolgt, die Kinder gehen zunächst auf einfache Verständnisfragen ein. Dabei kommt auch die Beziehung zur Passionsgeschichte ins Spiel, ohne daß sie den Fortgang des Gesprächs bestimmte. Die Kinder versuchen vielmehr, die Worte der Klage konsequent aus ihren eigenen Erfahrungen zu erhellen:

Katinka: Sie haben meine Hände und Füße durchgraben – das verstehe ich nicht, was das heißt.
Monika: Als Jesus am Kreuz hing, da haben sie ja auch Nägel durch die Hände geschlagen und durch die Füße.
Tatjana: Ich kann alle meine Knochen zählen –?
Cornelia: Wenn man alle seine Knochen zählen kann, dann ist das so, daß man nicht mehr genug Fleisch hat, daß das alles rausguckt.
Christoph: Mein Vater hat auch mal gesagt: Ich kann ja alle meine Knochen zählen. Weil er kaputt war, so fertig war.
. . .: Weil er geschafft war.
Jan: Wenn man schon denkt, man lebt nicht mehr lange, man ist im Eimer.
Cornelia: Das ist fast genau wie bei Jesus. Der hat ja auch gerufen: Warum hast du mich verlassen? Und vorher im Garten, da hat er gesagt: Laß doch den Kelch an mir vorbeigehen.
Monika: Meine Zunge klebt mir am Gaumen –?
Alexander: Wenn man nichts zu trinken hat. Ungefähr, gar nichts im Mund und gar nichts im Bauch, nichts zu essen und nichts zu trinken.
. . .: Da ist man ganz trocken und denkt immer an Trinken, und dann hat man gar nichts.
Jan: Dann ist der Mund ganz trocken.
. . .: Ich fühle mich dann immer so klebrig.
Cornelia: Wenn ich eine ganz trockene Zunge habe, dann sage ich auch manchmal: Die Zunge klebt mir am Gaumen.
Michael: Ich bin ausgeschüttet wie Wasser –?
Monika: Wenn man ganz fix und fertig ist.
Cornelia: Alle meine Knochen haben sich voneinander gelöst –?
Hendrik: Daß man so klapprig ist.

Natascha: Warum hast du mich verlassen – wenn einer hingefallen ist und der andere einfach weggeht und will damit nichts zu tun haben.
Katinka: Ich rufe, du antwortest nicht – weil der Ruf gar keine Antwort findet.

Es ist schon erstaunlich, wie weit die Kinder mit dem Versuch kommen, sich den Psalm aus ihren eigenen Erfahrungen zu erschließen. Aber natürlich registrieren wir am Ende dieses eigengesteuerten Gesprächsganges auch Defizite. Wir wünschten uns, daß die formanalytischen Beobachtungen, die Cornelia ins Spiel brachte, nicht nur als ein vereinzelter Gesprächsbeitrag stehenblieben, sondern von den anderen aufgenommen und weitergedacht, zumindest nachvollzogen würden. Und wir fragen uns, ob die Bilder der Angst gerade in diesem Psalm nicht noch eine größere Intensität der Aneignung fordern. Etwa die Unterscheidung zwischen den Hunden und der Rotte der bösen Menschen bleibt ja noch an der Oberfläche; eigentlich verlangt der parallelismus membrorum, daß wir hier das eine Bild durch das andere interpretieren; erst so wird das Ausmaß der Angst sichtbar, erst so wird auch der alptraumhafte Charakter dieser Bilder deutlich.
So drängen sich die Aufgaben für die Weiterarbeit jetzt geradezu auf: Die Aufgliederung des Psalms in Worte der Angst, der Bitte und des Vertrauens erfolgt am effektivsten in Einzel- oder Partnerarbeit am schriftlich vorliegenden Text, augenfällig gemacht mit Hilfe bunter Stifte. In einem einleitenden Gesprächsgang nehmen wir noch einmal Cornelias Beobachtung auf und stellen sie zur Diskussion; und bei der genauen Beschreibung der Aufgabe können wir dann statt der abstrakteren formalen Kategorien auf einfache, von den Kindern selbst formulierte Sätze zurückgreifen, die die Unterschiede zwischen Angst, Bitte und Vertrauen konkretisieren: »Ich bin in Not«; »Hilf mir!« und »Du bist mein Helfer«. Wir könnten die Differenzierung noch weiter treiben und im Sinne der Gattungsforschung auch innerhalb der Klage (der »Angstworte«) noch unterscheiden zwischen der Klage über die Feinde, über mich und über Gott; die Kinder könnten das leisten, aber wir versprechen uns davon keinen weiteren Fortschritt im Verstehen.
Notwendig aber ist vor allem die Bemühung um eine intensivere Aneignung einzelner Sätze der Klage. Wir könnten von neuem das Gespräch darüber suchen, aber wir wählen einen anderen Weg: Die Kinder sollen die Bilder der Sprache in die Sprache ihrer Bilder übersetzen, die Worte des Psalms in eigene, gemalte Bilder.

2.5
Bilder der Sprache – Sprache der Bilder

Die Übersetzung der Psalmenworte in gemalte Bilder ist die Art der Gestaltung, die Kinder in der Regel am unbefangensten in Angriff nehmen.

Die Bildersprache der Psalmen fordert geradezu dazu auf. Zuweilen werden wir durch eine Begrenzung der Mittel in diesen Prozeß der Umsetzung produktive Hemmungen einbauen, etwa durch den Verzicht auf alle Farben oder etwa durch die Vorgabe eines dunklen Untergrundes, vielleicht auch einmal durch den Verzicht auf alle figürlichen Elemente, der es den Kindern freilich sehr schwer machen dürfte. Bilder werden uns wahrscheinlich am meisten von den Lasten sagen, die die Kinder mit sich herumtragen, und von den emotionalen Abgründen, die sie in sich erfahren, mehr jedenfalls, als sie selbst in Worte zu fassen vermöchten.
Es ist gut, zwischen die Aufgabe und den Beginn der Arbeit an den Bildern noch eine kurze Phase des Nachdenkens einzuschalten, etwa ein Gespräch über die möglichen Motive: Was läßt sich gut malen in diesem Psalm (22)? Welches Wort suchst du dir aus?
Wir waren erstaunt, wie viele der Kinder sich dieses Wort zum Thema nahmen:

(10) ICH RUFE DU ANTWORTEST NICHT

Andere Worte dieses Psalms lassen sich sehr viel leichter in ein Bild übersetzen. Aber hier war offenbar ein Punkt besonders intensiver eigener Erfahrung angesprochen. Die Bilder sagen mehr davon als ihre Gesprächsbeiträge.
Da steht (Abb. 1) ein Kind mit dem Gesicht gegen eine schwarze Wand. Auch oben, unten und im Rücken das gleiche drohende Schwarz. Unmittelbar um das Kind herum ein Raum warmer Farben, aber hart begrenzt durch schwarz und grau.
Die stärkste Farbe befindet sich in der Mitte des Bildes: Der leuchtend rote, offenbar weit offene Mund zeigt das Rufen. Die Hände sind erhoben; das könnte der Gestus des Hilferufs sein, aber hier sieht es eher aus, als ob das Kind mit den Fäusten gegen die schwarze Wand schlägt.
Völlig aus dem Rahmen fallen die Farben jenseits der schwarzen Wand. Sie sind offenbar bewußt von den warmen Farben, die das Kind ausstrahlt, abgehoben: Es sind leuchtende, aber kalte Farben, beherrscht von pink und türkis. Merkwürdig ist, daß die Wand gegenüber dem Mund und den Fäusten des Kindes offenbar nicht ganz undurchdringlich bleibt; aber es ist ganz eindeutig an den Farben erkennbar, daß diese Auflockerung der Wand von innen her erfolgt, durch das Rufen des Kindes, nicht von außen her, von wo eine Antwort erhofft wird.
Völlig anders hatte ein sehr schweigsames türkisches Mädchen das gleiche Thema gestaltet (Abb. 2). Ein Mädchen mit dunklen Haaren und rotem Kleid, offenbar sie selbst, kniet in Gebetshaltung auf der Erde. Das Gesicht ist zur Erde gewendet, und die Erde ist leuchtend grün. Der Hintergrund, von dem sich das Mädchen scharf abhebt, besteht aus einem breiten Streifen von nichtssagendem Grau. Ist das schon ein Stück des Himmels? Darüber liegt eine freundlichere Farbzone in warmem Braun, aber unmittelbar

Abbildung 1

Abbildung 2

Abbildung 3

Abbildung 4

über dem Mädchen verwandelt sich die freundliche Farbe in eine düstere, drohende Wolke aus kräftigen, schwarzbraunen Strichen. Ganz oben aber, in der obersten Zone des Himmels, liegt nur noch ein breiter Streifen von undurchdringlichem Schwarz. Während das andere Bild offenließ, ob das Rufen Menschen oder Gott zum Adressaten hat, denkt dieses Bild eindeutig an ein Gebet, aber gerade so behält das »Du antwortest nicht!« das letzte Wort.

Es scheint, als ob die Ich-Klage in den Kindern die stärksten Ausdrucksmöglichkeiten entbindet. Ein Bild (Abb. 3) faßt die Bilder des zweiten und dritten Klageganges zusammen: Da liegt das Opfer, umstellt von Stieren, Löwen und Hunden, zu denen sich ein Bewaffneter mit einem langen Spieß gesellt hat; sie alle »schauen zu und sehen auf mich herab«. Aber es ist nicht recht gelungen, die Tiere als bedrohlich darzustellen; sie schauen alle sehr freundlich. Dafür aber umgibt das Bett den Leidenden mit starken schwarzen Strichen wie ein Gefängnisgitter, und man kann seine Knochen zählen. Das Gesicht aber, vor allem der Ausdruck der schiefgestellten Augen, zeigt seine ganze Angst.

Immer wieder wird die Un-Farbe Schwarz für die Darstellung des Bedrohlichen eingesetzt. Mit ihrer Hilfe findet auch die Feind-Klage in manchen Bildern einen beredten Ausdruck. Da umgeben mächtige, ganz und gar schwarze Gestalten mit spitzen Waffen ihr wehrloses Opfer, oder es sind schwarze, gedrungene Tiere mit glühenden Augen. Dabei wird aber immer wieder deutlich, daß in der Sprache der Bilder die unterschiedlichen Bilder der Sprache zusammenfließen. Da kommt aus der oberen Ecke des Bildes eine Schar von angsterregenden Gestalten, und der Anführer ruft: »Zerfleischt ihn und bringt mir die Kleider!« Unten in der entgegengesetzten Ecke liegt wehrlos das Opfer; ein Mann hat ihm schon Kleider weggenommen, und hinter ihm lauern ein Löwe mit heraushängender Zunge und ein Stier. Geradezu gespenstisch ist ein anderes Bild zum gleichen Thema: Das Opfer steht, offenbar unbekleidet, vor einem Tisch, umstellt von schemenhaften Gestalten. Eine von ihnen ist bewaffnet; auf dem Tisch liegen undefinierbare schwarze Gegenstände. Einer verspottet den Ausgezogenen; der Bewaffnete ruft: »Kleiderverlosung!«, und zwei andere fragen begierig: »Wo ist die Kleiderverlosung?« Im Hintergrund sind Häuser sichtbar; aus dem größeren, zweistöckigen schauen Leute aus dem Fenster. Die anderen sehen aus wie Baracken und erinnern an ein KZ.

Wie die Bilder der Angst ineinander übergehen, zeigt schließlich ein Bild zu dem Wort: Errette meine Seele vor dem Schwert! (Ps 22,21; Abb. 4). Das Psalmwort steht als Hilferuf auf dem Bild, aber das Bild zeigt kein Schwert, überhaupt keine Waffe, sondern ein Kind, das um Hilfe schreit und in einem schwarzen Meer oder Morast untergeht (Ps 69,3). Über dem Schwarz aber steht eine kräftige, offenbar siegreiche Gestalt; aus ihrem Mund kommt ein nicht endenwollendes Gelächter in Gestalt lauter sich überschlagender »Ha«, die den ganzen Rest des Bildes füllen. Das Bild zeigt, wie bedrohlich Kinder den Spott der Stärkeren erfahren, und es sind die Bilder der Psalmen, die die Möglichkeit bieten, solche Erfahrungen auch auszusprechen. Das ist noch nicht genug, aber ein erster notwendiger Schritt.

Mit den Kinderbildern haben wir eine Fülle neuer Gesprächsimpulse in der Hand. Die Bilder verlangen geradezu, noch einmal gemeinsam betrachtet und im Gespräch gewürdigt zu werden; mehrdeutige Bilder geben das Rätsel auf, welche Psalmworte ihnen zuzuordnen sind. Wir müssen nur beachten, daß Kinder in der Regel keine guten Interpreten ihrer eigenen Werke sind. Das kommt zunächst einmal dadurch, daß die anderen aus dem Abstand besser in der Lage sind, genau zu beobachten und unbefangen zu würdigen. Hinzu kommt, daß das Gespräch ja geradezu an den Mehrdeutigkeiten der Bilder und den unterschiedlichen Versuchen der Deutung produktiv wird, während die »Autoren« dazu neigen, kurz und bündig und etwas zu glatt eine sozusagen authentische, endgültige Deutung des Bildes abzugeben, die ein weiteres Gespräch nicht mehr zuläßt. Unbefriedigend sind diese Selbstinterpretationen aber vor allem deshalb, weil hier wieder die natürliche und verständliche Scheu der Kinder am Werke ist, ihre eigenen Emotionen aufzudecken. Die Bilder sprechen deutlich genug davon, die Kinder selbst mögen es nicht tun. Jedenfalls verraten uns die Bilder, daß die Kinder in den Umgang mit den Worten der Psalmen sehr viel mehr Emotionen einbringen, als in dem etwas spröden Gespräch zu Worte kamen. So sind die Bilder nicht zuletzt ein unersetzlicher Beitrag zu der notwendigen Versprachlichung der Gefühle.

Was wird geschehen, wenn Kinder später Worte und Bilder dieses Psalms in der Passionsgeschichte wiederfinden? Sie sind mittlerweile so sehr zu ihren eigenen Worten geworden, so stark angereichert mit ihren eigenen Erfahrungen, daß sie die Passionsgeschichte für eine direkte emotionale Beteiligung der Kinder öffnen. Ihre eigenen Angstworte nun in dem wiederzufinden, was Jesus widerfährt, stiftet eine ganz andere Art der Identifikation als die übliche abständig mitleidsvolle; Jesus wird zum Teilhaber ihrer Ängste; daß er »erfüllt«, was die Psalmen sagen, heißt, daß er diese Ängste nun wirklich bis zur Neige auskostet, und so können sie anders anfangen zu begreifen, was hier Stellvertretung bedeutet. An den Worten der Psalmen werden sie nachdrücklicher lernen, Jesus wahrhaftig als Menschen zu sehen, als einen der Angst und den anderen Menschen ausgelieferten Menschen. Wie groß muß seine Verlassenheit gewesen sein, wenn er den Ehrennamen MEIN FELS, den die Psalmen Gott vorbehalten, dem einen vertrauten Jünger zuspricht, der ihn hernach dennoch verleugnet (Mt 16,18)!

3
Emotionale Erziehung in den Psalmen: »Arbeit der Seele«

3.1
Lernziele im Umgang mit den Emotionen

Wir sind mit unserer Arbeit an den Psalmen unversehens in das Spannungsfeld der »Emotionalen Erziehung« geraten. Die Aufgabe ist nicht neu; solange es bewußte Erziehung gibt, hat sie sich auch des Emotionalen angenommen und sich um die Bändigung der Affekte bemüht. Aber neu ist die Einsicht, daß »die Kultur der Affekte ... das eigentlich schwerste Bildungsziel« ist (Mitscherlich, Weg 41), zugleich aber »eine der zentralsten Aufgaben der Erziehung« (Roth, Anthropologie, Bd. II, 330).
Diese Einsicht steht im krassen Gegensatz zu der Vernachlässigung, die der Bereich des Emotionalen lange Zeit in der Schule erfahren hat und noch erfährt. Natürlich bleibt das Kognitive die ureigene Domäne des Unterrichts; aber die Voraussetzung, daß auf dem Wege über rational vermittelte Einsichten und Appelle auch die Emotionen zu erreichen, zu formen und zu steuern seien, war gefährlich naiv. Unter einer dünnen Decke zivilisierter Rationalität breitet sich in unserer Gesellschaft eine unglaubliche emotionale Barbarei aus. Das wird nicht nur durch die geradezu explosive Entwicklung des harten Video-Marktes belegt, sondern etwa auch durch die zielgenaue Motivwahl der Werbung.
Die Schule muß heute mehr leisten als nur durch gelegentliche Belehrung auf die Affekte Einfluß zu nehmen; aber wie soll sie dies leisten? Alle Versuche, im Rahmen der Curriculumdiskussion auch die Ziele des emotionalen Lernens genauer zu formulieren und zu orten, haben nur eines deutlich gemacht: wie überaus komplex und langwierig die hier erstrebten Lernprozesse sind, wieviel Geduld sie erfordern und wie wenig von ihnen didaktisch operationalisierbar ist.
Versuchen wir den Hintergrund auszuleuchten, so kommt noch mehr Bestürzendes zutage. Die Schule und andere Formen institutionalisierten Unterrichts sind ja im Umgang mit Emotionen keineswegs abstinent gewesen; sie haben ganz massiv Emotionen für ihre Zwecke eingesetzt, zur Steigerung des Lernerfolges, und zwar mit weitem Abstand vor allem anderen die Angst: Angst vor dem Scheitern, vor Strafen, vor schlechter Benotung, vor öffentlicher Blamage, vor massiven Repressionen der Eltern. Und dies alles gehört ja nicht etwa nur der Geschichte an, sondern wird nach wie vor bewußt und gezielt eingesetzt. Dies prägt die Strukturen des Systems. Die Versuche, in den Schülern eine primäre Motivation wirksam werden zu lassen, Interesse am Gegenstand und dadurch Freude an der Arbeit, haben es

schwer, sich gegen die Übermacht des Systems durchzusetzen; und gar zu leicht verwandelt sich das Interesse an der Sache in die Freude, im harten Konkurrenzkampf um die besseren Noten einen der vorderen Plätze zu erobern.

Gewiß gibt es unterschiedliche Formen von Angst, auch solche, die sich produktiv verwandeln lassen. Heinrich Roth spricht von der Aufgabe, die durch Angst entstehende Aggression »in explorative Aggression, in explorative Neugier, in erregtes Interesse zu verwandeln: in Spontaneität, Exploration, Kreativität« (Erziehung als Umgang mit der Angst, in: Wegenast [Hrsg.], Theologie 95). Aber selbst wenn wir an einen Unterricht denken, der nicht mehr durch Angst, sondern durch positive Emotionen die Schüler motiviert, bleiben wir noch im Vorfeld des Problems. Denn es ist ja nicht damit getan, daß der Erzieher weiß, die Emotionen der Kinder geschickt für seine Ziele nutzbar zu machen, sondern sie selbst müssen besser als bisher lernen, mit ihren eigenen Emotionen umzugehen.

Die Schwierigkeit dieser Aufgabe aber wird immer deutlicher. Die Tiefenpsychologie hat uns gezeigt, wie abgründig der Bereich der Emotionen und wie kompliziert der Umgang mit ihnen ist. Die politische und gesellschaftliche Entwicklung hat mit dem Beginn der 80er Jahre eine Schwelle überschritten, diesseits derer sich nun auch öffentlich überall die Angst vor einer Zerstörung der Grundlagen menschlichen Lebens äußert. Über die Berechtigung dieser Angst läßt sich nicht mehr diskutieren; sie ist allzu offenkundig. Militärtechnisch und ökologisch, nuklear und chemisch, aber auch in der wachsenden Entsolidarisierung von Reich und Arm wird der Untergang greifbar. Auch die Kinder kennen diese Angst mittlerweile sehr genau. Sie ist so umfassend, daß sie nicht mehr die Fähigkeit zum Widerstand provoziert, sondern nur noch Lähmung bewirkt – wenn nicht etwas Neues hinzukommt: Perspektiven einer Hoffnung, die dieser Angst standzuhalten vermögen und dem Widerstand Sinn verleihen.

»Erziehung mit Angst wird Erziehung zur Angst, das ist der Teufelskreis, den wir erst langsam zu durchbrechen lernen« (ebd. 91). Deshalb muß emotionale Erziehung heute völlig anders ansetzen: Sie muß dazu befähigen, der Übermacht der Angst Widerstand entgegenzusetzen; sonst sind alle anderen Lernziele emotionaler Erziehung nur hilflose Gesten.

3.2
Die Angst als Thema des Religionsunterrichts

Die Lehrplan-Synopse in Klaus Wegenasts »Religionsdidaktik Grundschule« (177) zeigt eindrücklich, daß in allen Plänen (mit Ausnahme des unter anderen Bedingungen entstandenen Berliner Planes) einschließlich des katholischen Zielfelderplanes die Angst im Religionsunterricht schon der Grundschule thematisiert wird, zum Teil mehrfach. Dieser weitreichende Konsens darf nicht darüber hinwegtäuschen, daß dahinter sehr unterschiedliche theologische Motive und didaktische Vorstellungen stehen.

Schon die Religionsdidaktik der liberalen Theologie schrieb dem Religionsunterricht wesentlich Aufgaben der emotionalen Erziehung zu; dahinter stand die Überzeugung, daß die Religion im wesentlichen eine Sache des Gefühls sei. So wird die Frage nach der Lehrbarkeit von Gefühlen zur didaktischen Kernfrage schlechthin; und Richard Kabisch empfiehlt dementsprechend für den ersten Anfang des Religionsunterrichts, auf ein »eindrucksvolles kosmisches Ereignis« zu warten, etwa auf ein Unwetter (Religion 109). Und immerhin kann noch Helmut Thielicke in seiner »Theologischen Ethik« die Angst als den »Rohstoff, aus dem der Glaube geformt wird« bezeichnen (Bd. I, 180).
Im problemorientierten Unterricht, der das Thema Angst so nachdrücklich auf die Tagesordnung der Religionspädagogik gesetzt hat, sind die Begründungszusammenhänge anderer Art. Wenn der Religionsunterricht in der allgemeinbildenden Schule die Sinnfrage zu thematisieren hat, so ist ihm das Thema der Angst tatsächlich unausweichlich gestellt, denn in der Angst geht es letzten Endes um die Erfahrung der drohenden Sinnlosigkeit. Dahinter wird die Theologie Paul Tillichs erkennbar, für den die Angst zum Menschsein schlechthin gehört als die große unausweichliche Frage, auf die der Glaube mit dem Mut zum Sein antwortet.
Ich habe auch an dieser Art der Begründung starke Zweifel. Sie verleiht der Angst eine theologische Qualität, die ihr nicht zukommt. Ich sehe auch, daß wir den Ängsten, die die Kinder mit sich herumtragen, im Religionsunterricht nicht ausweichen dürfen. Sie fordern uns nicht nur als Erzieher heraus, sondern fragen uns als Christen, ob wir denn dazu irgend etwas Haltbares zu sagen haben. Ich wehre mich aber gegen die allgemeine und abstrakte Rede von »der Angst«. Sie erklärt stillschweigend die Angst zu einem zeitlosen psychischen Problem, und sie stellt dem Theologen die abstrakte Frage, was denn »der christliche Glaube« auf dieses Problem antwortet. Aber sowenig nach Bonhoeffer die Auferstehung »die Lösung des Todesproblems« ist, sowenig hat der Glaube die Lösung für das Problem der Angst. Der Glaube kennt besondere Möglichkeiten des Widerstandes gegen die Angst, er weiß von Perspektiven der Hoffnung und Erfahrungen der Geborgenheit inmitten von Angst. Was aber die Kinder mit sich herumtragen, ist nicht »die Angst«, sondern sind bestimmte und in der Regel sehr begründete Ängste, angesichts derer sich erst erweisen muß, wie weit sie durch die Erfahrungen, die wir ins Spiel zu bringen haben, erhellt werden können. Wir müssen uns auf sie einlassen, obwohl und gerade weil wir wissen, daß niemand die lösende Antwort einfach zur Verfügung hat.
Es gibt eine Reihe von anspruchsvollen Unterrichtsentwürfen zum Thema Angst, die in einer zunächst durchaus überzeugenden Weise praktische Unterrichtserfahrung mit didaktischer und theologischer Reflexion verbinden.

(Vgl. dazu die zusammenfassenden Darstellungen bei Grosch, Religionspädagogik 130ff; Reents, Religion Primarstufe [RPP 17] 100ff; Wegenast, Religionsdidaktik 72ff.)

Diese Entwürfe, konzeptionell geprägt durch den Ansatz des problemorientierten Religionsunterrichts, haben durchweg eine ähnliche Struktur mit ganz charakteristischen Schwächen:

1. Mich wundert, wie unbefangen die Autoren mit dem Stichwort »Angst« einsetzen. Als stiller oder ausgesprochener Impuls ergeht daraus die Aufforderung an die Kinder, etwa von ihren eigenen Angsterfahrungen zu erzählen. Nach unserer Erfahrung haben die Kinder äußerst starke Hemmungen, von solchen Erfahrungen zu berichten, die sie wirklich ängstigen. Diese Hemmungen sind nur allzu verständlich. So wird der Unterricht schon in der einleitenden Phase, die die Basis für die folgenden Reflexionen bereitstellen soll, auf zwei Abwege gedrängt: Entweder sprechen die Kinder abstrakt und allgemein über »die Angst« und bleiben damit sehr weit entfernt von ihren eigenen einschneidenden Angsterfahrungen. Oder aber sie beginnen tatsächlich, von eigenen Erlebnissen zu erzählen, dann aber nur von solchen, in denen es sich um Bagatellformen von Angst handelte, um Ängste, über die man hinterher mit Fug und Recht lachen konnte. Auch das bekannte, häufig als Einstieg benutzte Bild eines verängstigten Kindes aus dem Vietnamkrieg verhindert dies nicht: Es vermittelt tiefe Angst in solcher Eindringlichkeit, daß die Kinder schon aus Selbstschutz auf die beschriebenen Abwege ausweichen werden; das Fernsehzeitalter nötigt uns ja geradezu, Abwehrmechanismen gegen die emotionale Wirkung solcher Bilder zu entwickeln. – Das Weitere entspricht dann dem Ansatz:

2. Mit Hilfe einer Reihe von Vorlesegeschichten werden den Kindern Möglichkeiten zur Überwindung der Angst gezeigt. Der Boden reicht von Pearl S. Buck, die den Vater mit einer liebevollen Erklärung die Angst vor der Dunkelheit vertreiben läßt, bis hin zu Ursula Wölfels »Nachtvogel«, der Geschichte einer Selbstbefreiung. Es ist sicher gut, wenn die Kinder lernen, sich von Ängsten solcher Art zu befreien; aber damit sind wir nicht am Kern des Problems.

3. Die Bibeltexte erscheinen erst in der letzten Phase des Unterrichts: meist Psalm 23 und die Geschichte von der Stillung des Sturmes. Beide sind ohne Zweifel starke Texte, doch die Struktur der Planung lädt ihnen eine untragbare Beweislast auf: Nachdem das Problem der Angst entfaltet worden ist, müssen sie nun, ob sie wollen oder nicht, die »Antwort« oder zumindest die »Aussage« des christlichen Glaubens zu diesem Thema in den Unterricht einbringen. Bei dieser Art der Planung können sie nur christliche Gemeinplätze beisteuern, »christliche Aussagen«, denen man »die Möglichkeit der Hilfe und Geborgenheit entnehmen« kann (Reents, Religion Primarstufe 116); und solche allgemeinen theologischen Aussagen sind als Antwort auf existentielle Erfahrungen immer ebenso richtig wie falsch. Spätestens in diesem theologischen Teil werden die Kinder über zum Teil sehr verschlungene Wege (sogar Eulenspiegel kommt ins Spiel als Beweis dafür, daß man bestimmte Formen der Rede nicht wörtlich nehmen darf) auf sehr hohe Ebenen der Abstraktion geführt, und das in sol-

chen Fällen Erkannte wird ganz sicher nicht mehr in die Tiefen der elementaren Ängste hineinsprechen können.
Es ist leicht, aus dem Abstand einiger Jahre didaktische Versuche zu kritisieren. Tatsächlich hat die Erfahrung der Angst in den letzten zehn Jahren andere Dimensionen gewonnen. Dem aber muß unser Unterricht Rechnung tragen. Unser Versuch mit den Psalmen unterscheidet sich von den beschriebenen Entwürfen in drei Punkten grundlegend:

1. Wir gehen davon aus, daß die Versprachlichung der Gefühle schon ein wesentlicher und schwieriger erster Schritt ist. Wir können nicht einfach voraussetzen, daß Kinder selbstverständlich in der Lage wären, über eigene Erfahrungen mit tiefen Ängsten ohne weiteres zu reden. Schon auf dieser Stufe der ersten Erschließung des Problems ist die Sprache der Bibel unentbehrlich: Die Psalmen ermöglichen es den Kindern, eine Sprache zu finden, in der sie von solchen Ängsten sprechen können, ohne sich selbst zu entblößen.
2. Auf diese Weise kommt die theologische Dimension von Anfang an ins Spiel und muß nicht erst in einem letzten Schritt, der dann unter den fatalen Zwang des Problem-Lösungs-Schemas gerät, als »Antwort« angefügt werden. Die Sprache der Klage in den Psalmen hat einen Adressaten; dies ist der elementare Ausgangspunkt aller Theologie.
3. Mit den Psalmen bleiben wir von Anfang an ganz nahe an der Erfahrung der Kinder. Wir entfernen uns weder in die Abstraktion noch in eine geschichtlich ferne Situation (die des nachexilischen Tempelgottesdienstes oder die der Christenverfolgung unter Nero), um von dort aus eine Beziehung zwischen den biblischen Texten und der Angst der Kinder herzustellen. Die eigene emotionale Welt der Kinder ist auf solchen Umwegen nicht mehr zu erreichen. Deshalb macht der direkte persönliche Bezug zu den Worten der Psalmen den Anfang unseres Unterrichts aus und bestimmt auch jeden weiteren Schritt.

3.3
Emotionalität hat einen Namen

Worauf eigentlich zielt die emotionale Erziehung? Wer ist ihr Partner, was ist ihr Gegenstand? Der Begriff der »emotionalen Erziehung« suggeriert, daß die Emotionen als Mittel der Erziehung eingesetzt werden. Das ist seit alters üblich, aber weithin in einer gefährlich mißbräuchlichen Weise, die die Kinder mit dem eigentlichen Problem des Umganges mit ihren eigenen Gefühlen völlig allein läßt. Sprechen wir von der notwendigen »Kultivierung der Affekte« (Heinrich Roth) oder der »Erziehung der Gefühle« (Günter Harnisch), sind wir einer Beschreibung des Problems einen wesentlichen Schritt nähergekommen, aber unter der Hand sind uns die Gefühle dabei zum Objekt der Erziehung geworden, und das stimmt weder zu unserem Verständnis von der Erziehung, die nicht ein Objekt, sondern einen gesprächsfähigen Partner braucht, noch zu unseren Erfahrungen mit

unseren Gefühlen, die sich eben nicht so einfach zum Objekt machen lassen. Wer es versucht, erlebt irgendwann einmal einen Aufstand und Ausbruch der Gefühle, die ihn selbst zu einem ihnen ausgelieferten Objekt machen.
Die Psalmen aber haben einen Namen dafür, der das Emotionale nicht zu einem Mittel zum Zweck und auch nicht zum Objekt macht, sondern tatsächlich zu so etwas wie einem Gesprächspartner. Der hebräische Name heißt *nefesch;* er kommt in den Psalmen mit Abstand am häufigsten von allen alttestamentlichen Büchern vor, insgesamt fast einhundertfünfzigmal. Dieses Wort ist für das Alte Testament ein zentraler anthropologischer Begriff. Er wird meist mit »Seele« übersetzt, nicht selten aber auch mit »Leben« oder »ich«, und zuweilen kann er auch die Kehle bezeichnen.
Die Übersetzung mit »Seele« ist die umfassendste und wohl auch treffendste, aber sie bereitet auch erhebliche Probleme. Der Duden assoziiert mit dem Wort Seele vor allem die »unsterbliche Seele« und danach die »armen Seelen im Fegefeuer«. Beide Vorstellungen sind dem Alten Testament und zumal den Psalmen gänzlich fremd. Die spät entwickelte und theologisch fragwürdige Vorstellung vom Fegefeuer setzt die der unsterblichen Seele voraus; für die Psalmen jedoch ist die Seele sterblich; das Wort »Seele« bezeichnet gerade das verletzliche, geängstete, vom Tode bedrohte Leben.

MEINE SEELE IST SEHR ERSCHROCKEN
ACH DU HERR WIE LANGE
WENDE DICH UND ERRETTE MEINE SEELE
DENN IM TODE GEDENKT MAN DEINER NICHT (Ps 6,4ff)

Die Seele ist es, die die Angst bis hin zur Todesangst erleidet. Sie »schreit« (42,2) und »ist betrübt« (42,7), sorgt sich (13,3) und »verzagt vor Angst« (107,26). Sie »will sich nicht trösten lassen« (77,3); sie »verzehrt sich vor Verlangen« (119,20.81), aber sie kann auch fröhlich sein (16,9; 17,23). In alledem ist die »Seele« ganz offensichtlich das Subjekt der Gefühle, das emotionale Zentrum des Menschen.
Und in diesem Sinne kennt nun allerdings auch unsere Umgangssprache die Seele durchaus: Wir sprechen von seelischen Krankheiten, seelischen Strapazen und Verletzungen und auch von seelischer Folter und Grausamkeit. Das alles nimmt in unserer Umgangssprache viel mehr Raum ein als die »unsterbliche« Seele; dabei geht es, wie in den Psalmen, um Erfahrungen, nicht um ein theologisches oder metaphysisches Postulat.

Offenbar um dieses metaphysische Mißverständnis auszuschließen, sagt der revidierte Luthertext statt »meine Seele« häufig einfach »mich«, so etwa auch in dem oben wiedergegebenen Vers Ps 6,5. »Errette meine Seele« kann tatsächlich mißverstanden werden; in dem Psalm geht es um Errettung des leibhaften irdischen Lebens. Aber verstehen wir die »Seele« im Sinne der Psalmen, dann bedeutet die Reduktion auf »Errette mich!« einen Verlust an Präzision gegenüber Luthers getreuerer Übersetzung. Das gleiche gilt für die häufige Übersetzung »mein Leben«: Auch sie wehrt Mißverständnisse ab, schöpft aber die Bedeutung des hebräischen Begriffs nicht aus.

In der ersten Schöpfungsgeschichte 1. Mose 1 verbindet der Begriff »lebendige Seele« den Menschen mit den Tieren; auch sie sind verletzlich und geängstet wie der Mensch, auch sie haben teil an der großen Freude am Leben. Der Gerechte gedenkt daran, wenn er mit Tieren umgeht: »Der Gerechte kennt die Seele seines Viehs« (Spr 12,10).
Die ältere Schöpfungsgeschichte im zweiten Kapitel des ersten Buches Mose definiert die Seele auf ihr eigene narrative Weise: Gott macht den Menschen aus Erde vom Acker; aber er wird erst lebendig, als Gott ihm seinen Atem in die Nase bläst (2,7): »... so ward der Mensch eine lebendige Seele«. Der Begriff der Seele kommt dort ins Spiel, wo das Erstaunen über die Lebendigkeit des Menschen zu Wort kommt; und diese wird als Gottesgabe gezeigt. Der lebendige Mensch hat darin Anteil an Gottes Lebendigkeit; der Atem in ihm, das Geheimnis des Lebens, ist Gottes Atem. So kann ich lernen, im Atmen das Leben als sein Geschenk zu begreifen.
So wird noch einmal die merkwürdige Doppelbedeutung des Wortes *nefesch* als Seele und Kehle verständlicher. Die Kehle ist die verletzlichste Stelle des Atems. Am Anfang des Psalms 69 sind die Wasser schon bis an die *nefesch* gestiegen. Der revidierte Luthertext übersetzt realistisch und dem allgemeinen Sprachgebrauch entsprechend »bis an die Kehle«. Luther selbst aber hatte genauer und darin auch gewichtiger übersetzt:

GOTT HILF MIR
DENN DAS WASSER GEHT MIR BIS AN DIE SEELE

Das Alte Testament kennt daneben noch eine andere physiologische Lokalisierung der Seele: Das Leben und damit die Seele werden mit dem Blut identifiziert (vgl. insbesondere 3. Mose 17,11.14). Auch diese Anschauung ist hinter manchen Bildern der Psalmen noch deutlich zu erkennen.

Zuweilen wird die Seele mit einem Vogel verglichen (Ps 11,1; 124,7); die Psalmen 42 und 43 malen das Bild der geängsteten Seele mit Verben, die das Geräusch eines unruhig im Käfig flatternden gefangenen Vogels beschreiben. Luthers Übersetzung nimmt diesen Anklang nicht auf, dafür aber ein anderes für die Psalmen charakteristisches Moment:

WAS BETRÜBST DU DICH MEINE SEELE
UND BIST SO UNRUHIG IN MIR
HARRE AUF GOTT ... (Ps 42,6.12; 43,5)

Ein solches Gespräch mit der eigenen Seele findet sich auch in anderen Psalmen (62; 103; 104; 116; 146). In diesem Gespräch ist die Seele nicht stumm; sie weiß auch das Ihre, Durst und Verlangen, Angst und Erschöpfung, aber auch Freude und Glück, mit Nachdruck einzubringen. So begegnet uns in den Psalmen ein völlig anderer Umgang mit den Emotionen, der sie nicht zum Objekt und auch nicht zu einem Mittel zum Zweck

macht, sondern behutsam mit ihnen umgeht, weil er weiß, daß in ihnen das Geheimnis des Lebens liegt.
An anderen Stellen freilich verwenden die Psalmen das Wort *nefesch* auch so, daß die Übersetzung ohne Beeinträchtigung des Sinnes einfach »ich« sagen kann; aber gerade dieser unterschiedliche Sprachgebrauch spiegelt sehr deutlich die Ambivalenz meines Verhältnisses zu meinen eigenen Gefühlen. Ich kann auf der einen Seite ja gar nicht leugnen, daß ich mit ihnen identisch bin; ich bin es doch selbst, der sich ängstet, sich betrübt oder sich freut. Das Reflexivpronomen unterstreicht diese Identität. Doch auf der anderen Seite kann und muß ich mich zuweilen von meinen Gefühlen distanzieren; ich werde mich an ihnen ärgern, mich ihrer schämen oder mich gegen sie zur Wehr zu setzen versuchen, das letztere freilich mit unterschiedlichem Erfolg. Gehe ich in den gewohnten männlichen Herrschaftsformen mit ihnen um, indem ich sie barsch zum Schweigen bringe, dann werden sie sich für solche Verdrängung rächen und als Unruheherd im Unbewußten wirksam bleiben, möglicherweise bis hin zu massiven körperlichen Krankheitssymptomen. Allerdings ist uns auch das andere verwehrt, den Gefühlen unkontrolliert einfach ihren Lauf zu lassen; die Folgen könnten nur chaotisch sein. Aber eben dazwischen liegt die Weisheit der Psalmen.
Luthers Übersetzung der Psalmen 42/43 ist in dieser Beziehung unübertrefflich einfühlsam. Martin Buber nimmt zwar das Geräusch des flatternden Vogels auf, aber er versieht die Anrede an die Seele am Ende mit einem Ausrufezeichen:

> Was versenkst du dich, meine Seele,
> Was rauschest du in mir!

So wird der Satz zu einem unwilligen Verweis. Anders als Buber hat Luther hier ein Fragezeichen gesetzt (die hebräische Interpunktion kennt solche Zeichen nicht). Wenn wir laut lesen, ist sofort zu hören, wie dieses Zeichen den Satz verändert. Die Frage wird dadurch zu einer im eigentlichen Sinne seelsorgerlichen Frage; sie spricht nicht unwirsch, sondern um eine Antwort besorgt. Es ist eine Frage, die zu dem auffordert, was der Psalm »meine Seele ausschütten« nennt (V. 5; Luthers Übersetzung spricht hier in Anlehnung an Ps 62,9 vom Herzen, der hebräische Text aber von der Seele). Ein solches Gespräch mit der Seele kann nicht auf einen schnellen Erfolg rechnen. Ps 77,3 schreibt es fort mit der Klage: »Meine Seele will sich nicht trösten lassen!« In Psalm 42/43 bleibt der Ausgang offen. Die Frage an die Seele und der nachfolgende tröstliche Zuspruch werden dreimal wiederholt:

> WAS BETRÜBST DU DICH MEINE SEELE
> UND BIST SO UNRUHIG IN MIR
> HARRE AUF GOTT
> DENN ICH WERDE IHM NOCH DANKEN . . .

In rationalen Lernprozessen mögen wir uns leichtfüßig, zuweilen gar in Sprüngen bewegen; emotionales Lernen dagegen geht nur sehr langsam vor sich, in kleinen, oft mühsamen Schritten und in immer neuen Wiederholungen des einmal Erlebten.
Wie schwer das Gespräch mit der eigenen Seele sein kann, zeigt ein Bild zu dieser Stelle in einer Bibelhandschrift des 9. Jahrhunderts (Landesbibliothek Stuttgart, bibl fol. 23): Die Seele sitzt traurig und einsam auf einem Berg. Hinter ihr wird ein leuchtender Himmel sichtbar, aber von ihm ist sie getrennt durch ein tiefviolettes Meer. An ihrer Seite steht ein grüner Baum, zu ihrem Füßen blühen Blumen, aber sie sieht an alledem vorbei traurig in die Ferne, den Kopf schwer in die Hand gestützt. Am Fuße des Berges steht der Psalmist mit seiner Harfe; er singt und möchte sie wohl erheitern, doch auch er sieht sie nicht an, sondern schaut ebenso traurig wie sie in die Ferne (s. die Abb. auf dem Umschlag).

3.4
Gespräche mit der Seele

Weil das Alte Testament die Seele nicht metaphysisch versteht als eine unsterbliche Substanz, sondern als Kern der Emotionalität, kann die alttestamentliche Art des Redens von der Seele zu einem Schlüssel vertiefter Selbsterfahrung werden. Ich muß die Existenz der Seele nicht glauben, sondern kann sie an mir selbst erfahren.
Bei der Versprachlichung der Gefühle kann das Wort Seele darüber hinaus hilfreich sein: daß die Emotionalität einen Namen bekommt, läßt sie besser faßbar werden. Sie ist ja nicht einfach identisch mit dem denkenden und redenden Ich; sie kann sich durchaus gegen den Willen des Ich verselbständigen; trotzdem kann ich sie nicht als etwas mir Fremdes verleugnen, als gehörte sie nicht wirklich zu mir. Diese differenzierte Selbstwahrnehmung ermöglicht eigentlich erst der Name; und noch mehr: Ich kann jetzt nicht nur über sie reden, in der Distanz eines herrschaftlichen Ich-Es-Verhältnisses, sondern ich kann ein Gespräch mit ihr versuchen, wie es die Psalmen vorzeichnen, und das hieße: in einen Dialog mit der eigenen Emotionalität einzutreten, mit dem ernsthaften Willen, auf die Sprache der Seele auch zu hören. Denn die Emotionalität ist ja nicht nur eine lästige Beigabe meines Lebens, unberechenbarer Störfaktor, sondern zunächst einmal kostbarer Kern meiner Lebendigkeit: Von ihr kommt alle Wärme, alle Freude, alle Bewegung meines Lebens. Zum Störfaktor wird sie erst, wenn ich verlernt habe, auf sie zu hören. Aber oft genug gehen wir mit ihr um wie mit der Schöpfung überhaupt: als wären wir in Feindesland. Der notwendige neue Stil des Umganges mit der Schöpfung wäre erst einmal an der eigenen Seele – mit der eigenen Seele zu lernen.
Aber sind Kinder zu solcher Differenzierung fähig? Unsere These war: Die Sprache der Psalmen könnte ihnen dazu verhelfen. Ich erinnere mich eines Unterrichtsversuchs, den ich vor Jahren, noch abseits der Psalmen, in ähn-

licher Richtung unternahm, ebenfalls im 4. Schuljahr. Als Anstoß diente mir das Pauluswort: Ich tue nicht, was ich will (Röm 7,15). Die Kinder begriffen durchaus, daß nicht nur äußere, sondern auch innere Faktoren Anlaß zu dieser Äußerung sein konnten; sie lernten, sich von sich selbst zu distanzieren, aber eben genau dem Kontext des Pauluswortes entsprechend: Was in mir meinem Willen entgegenwirkt, erschien als feindliche Macht. Einer solchen Distanzierung möchte ich jetzt entgegenwirken. Denn wohl gibt es solche Konflikterfahrungen mit der eigenen Emotionalität, aber dies sind nicht die Grunderfahrungen, auch nicht für die Bibel und schon gar nicht für die Kinder. Also machen wir den Versuch mit einem Psalmenwort. An der Tafel steht:

WAS BETRÜBST DU DICH MEINE SEELE
UND BIST SO UNRUHIG IN MIR

Jan: Vielleicht sagt man das zum Herz: Was betrübst du dich, meine Seele.
Katinka: Da ist die Seele mit gemeint.
Cornelia: Die Seele ist dann so richtig unruhig und Sie wissen dann gar nicht, warum sie so unruhig ist, und Sie wollen das eigentlich gar nicht.
Michael: Die Seele ist betrübt.
Ute: Und unruhig.
Cornelia: Aber die Seele kann auch ruhig sein und fröhlich.
Jens: Für unruhig weiß ich ein anderes Wort: aufgeregt.
Monika: Wenn man lügt, dann ist man auch unruhig; man hat so'n komisches Gefühl.
Michael: Wie soll man denn seiner Seele was sagen? Die hat doch keine Ohren!
(Gelächter)
Hendrik: Vielleicht muß man das ja nur denken.

Nun wird das Gespräch spannend. Denn es ist ja noch zweierlei: etwas »denken« oder wirklich so etwas wie ein Gespräch mit der eigenen Seele suchen. Werden die Kinder dem Psalmwort noch weiter folgen? Erst einmal bringen sie Erfahrungen mit Selbstgesprächen ins Spiel:

Jens: Wenn es mir langweilig ist, dann rede ich auch irgend was mit mir selbst.
Christoph: Wenn ich Angst habe, dann rede ich mit mir selber.
Tatjana: Wenn ich wütend bin.
Ali: Aber ich, ich sag dann immer: Warum hab ich das nur getan?

Neben der Bewältigung der Langeweile haben diese Selbstgespräche ganz offensichtlich den Sinn einer Distanzierung von den eigenen Emotionen. Dann hat auf einmal Jan einen Einfall, der bei den Kindern unerwartete Assoziationen herbeiruft:

Jan: Die Seele, die könnte man eigentlich mit 'ner Puppe vergleichen.
Frau Heide: Wie kommst du denn darauf?
Jan: Mit 'ner Puppe spricht man ja auch, und die kann ja auch nicht hören.
Andrea: Ich rede manchmal mit meiner Katze.
Melanie: Mein Bruder, der spricht auch immer mit 'nem Teddybär.
Ute: Mit meinem Goldfisch.

Jetzt wollen viele von ihren Gesprächen mit solchen fiktiven Gesprächspartnern erzählen, und dabei nimmt das Gespräch plötzlich noch einmal eine unerwartete Wendung:

Michael: Aber manchmal rede ich auch mit meinem Teddybär: Dann frage ich den: Was soll ich denn jetzt mal machen?
Christoph: Ich rede auch abends manchmal noch mit dem Teddybär, ich spiele auch mit dem.
Melanie: Wenn ich Hausaufgaben mache und ich habe einen Fehler gemacht und ich sehe den Fehler nicht, dann spreche ich auch laut vor mich hin.
. . . : . . .
Jens: Wenn ich nicht schlafen kann, ich habe da auch so'n Schlaftier, da sage ich dann: Lumpi, du mußt jetzt schlafen.

Soviel ist deutlich: daß der zunächst nur als fiktiv dargestellte Gesprächspartner am Ende doch mehr ist als eine bloße Fiktion. Jedenfalls wird von ihm eine Antwort erwartet, als Beruhigung, als Motivation oder als Korrektur. Jetzt sind wir wirklich schon ganz in der Nähe der Entdeckung des Zwiegespräches mit der eigenen Seele.
Aber der Spannungsbogen des Unterrichtsgespräches ist erst einmal erschöpft. Ein Wechsel zu anderen Arbeitsformen ist notwendig, die Kinder versuchen sich in kleinen Gruppen an einer pantomimischen Darstellung zu einem Psalmwort:

MEINE SEELE WILL SICH NICHT TRÖSTEN LASSEN (77,3)

oder

SEI NUN WIEDER ZUFRIEDEN MEINE SEELE (116,7)

Dabei wird die Eigenart dieses Dialoges schon in der Form der Darstellung deutlich: Manche wollen die Pantomime allein vorführen, andere beharren darauf, daß natürlich zwei Darsteller notwendig sind; und jedenfalls kommt es so und so zu bewegenden Darstellungen von Traurigkeit und von behutsamen Versuchen des Tröstens.
Eine Gruppe hat sich vorgenommen, ein Selbstgespräch schriftlich festzuhalten, und daraus wird ungewollt ein genau passender Begleittext zu der

pantomimischen Darstellung, die Aufzeichnung eines Gespräches mit der Seele. Der Gesprächscharakter wird an einer Stelle ganz deutlich, und so bietet sich der Text geradezu an für die Aufgabe, seine Sätze auf die beiden Rollen des Dialogs zu verteilen: Welche sind die Worte der Seele? Wann spricht das Ich?

Ich bin so fertig.
Ich bin wie ein zerbrochenes Gefäß.
Ich weiß nicht mehr, was ich machen soll.
Ich bin so traurig.
Ich weiß nicht mehr, wie ich wieder fröhlich werden soll.
Was soll ich machen?
Ich kann nicht mehr weiter.
Wenn ich doch wieder froh würde!
Ich will nicht mehr.
Hilf mir doch!
Sei nicht mehr traurig, meine Seele.
Ach, was geht es uns heute wieder gut!
Ich will wieder fröhlich sein.
Heute ist schönes Wetter!
Ich will nie wieder traurig sein.
Jetzt gehe ich im Sonnenschein spazieren.

Weiter sind wir zunächst nicht gekommen. Aber diese Entdeckungsreise verlangt nach einer Fortsetzung. Was in dem Gespräch gesagt wurde, läßt sich an anderen Psalmworten festmachen und weiterverfolgen:

MEINE SEELE IST FRÖHLICH (16,9)
MEINE SEELE SOLL SICH FREUEN (35,9)
MEINE SEELE IST SEHR ERSCHROCKEN (6,4)
SIE HABEN MEINE SEELE GEBEUGT (57,7)
MEINE SEELE LIEGT IM STAUBE (119,25)
MEINE SEELE IST STILLE ZU GOTT DER MIR HILFT (62,2)
ER ERQUICKT MEINE SEELE (23,3)

Sogar ein so schweres Wort wie »erquicken« können sich Kinder in diesem Zusammenhang erschließen. An der Tafel stand der schwere Satz:

DEINE TRÖSTUNGEN ERQUICKEN MEINE SEELE (94,19)

und daran schloß sich das folgende Gespräch an:

Jan: Meine Uroma, die war schwer krank, da hat sie immer gerufen, wenn sie Hunger hatte: Ilse, ich muß mich mal erquicken!
Frau Heide: Kannst du das übersetzen?

Jan: Ja: Ilse, ich habe Hunger, oder: Ich muß mal was essen.
Hendrik: Vielleicht erfrischt man sich dann, wenn es warm ist.
Ute: Wenn man in seinem Herzen, wenn man traurig ist, wenn einen Gott dann tröstet, dann ist man nicht mehr so traurig, dann ist man erquickt.
Cornelia: In Psalm 23, da steht ja auch: Er erquickt meine Seele. Er sorgt sich um mich.
Monika: Ich glaube, da ist eher trinken mit gemeint.

Das Verb, das Luther hier mit »erquicken« übersetzt, heißt im hebräischen Text eigentlich »zurückbringen«. Erquickung ist die Rückkehr der Seele. Das beschreibt die Rückkehr des Atems und des Pulsschlages nach der Erschöpfung. Oder könnte noch eine andere Rückkehr gemeint sein?

3.5 Ausschütten will ich meine Seele bei mir selbst

Das hebräische Wort, das sonst die Erquickung, die Wiederkehr der Seele bezeichnet (*schub* hi.), erscheint in Psalm 35,17 in einem eigenartigen Zusammenhang. Luther übersetzte: »Errette doch meine Seele aus ihrem (sc. der Feinde) Getümmel.« Vorausgegangen ist eine Klage über die Grausamkeit der Feinde. Martin Buber bietet hier eine Übersetzung, die den hebräischen Wortsinn genauer wiedergibt: »Wiederkehren laß meine Seele von ihren (d.h. der Feinde) Verheerungen.« Das klingt, als ob die Seele zurückgeholt werden müßte aus einem grausigen Reich der Angst. Es ist ein Gegenbild zur guten Schöpfung: ein Reich, in dem die Feinde des Lebens, der Seele regieren und Verheerendes anrichten. Es gibt niemanden, dessen Seele nicht schon ihre Erfahrungen in diesem Reich schauriger Verwüstung gemacht hätte. In der Malerei unseres Jahrhunderts spiegeln sie sich wider. Die Psalmen haben dafür verschiedene Namen: das finstere Tal, das »Tal des Todesschattens« (Ps 23,4), das tiefe Loch, die grausige Grube (Ps 69,16; 40,3) oder auch die Unterwelt, von Luther drastisch als »Hölle« übersetzt (Ps 86,13; 116,3). Die Seele aber wird gerade im Angesicht dieser Bedrohung (hier in Ps 35,17 wie in Ps 22,21) mit einem Namen belegt, der ihre Kostbarkeit ausspricht, die Kostbarkeit dieses einmaligen und so verletzlichen Lebens: Sie heißt »die Einzige«; es ist der gleiche Name, der etwa in der Geschichte von Isaaks Opferung dem einzigen, geliebten Kind beigelegt wird (Gen 22,2.12.16).
Ich komme diesen Erfahrungen der Seele noch weiter auf die Spur, wenn ich, der Aufforderung des Psalmisten folgend, versuche, meine Seele auszuschütten bei mir selbst. Es ist schwer, weil ich zunächst einmal erfahre, daß mir die Sprache dafür fehlt. Ich habe ja nicht gelernt, die Sprache der Seele zu sprechen. Es kommt aber viel darauf an, daß in diesem Dialog die Seele auch wirklich zu Wort kommt. Ich werde versuchen müssen, ihre Sprache zu lernen. Aber in den alltäglichen Abläufen meines Lebens spricht sie nicht eben sehr deutlich.

Manchmal freilich meldet sie sich doch mit größerem Nachdruck zu Wort: in den Träumen, die mich kurz vor dem Erwachen heimsuchen. Die Bilder dieser Träume hinterlassen eine Spur in meinem Bewußtsein; selten sind es heitere Träume, von denen ich gern etwas in den Tag mit hinübernehme; meist sind es beunruhigende oder beängstigende Eindrücke. Deshalb werde ich sie in der Regel abschütteln oder abdrängen; oft muß ich das tun, weil ich anders den Anforderungen des Tages nicht gewachsen bin. Aber das ist gefährlich, weil sich hier nun offenbar doch etwas von den Erfahrungen meiner Seele selbst zu Wort meldet, in einer authentischen, nicht durch mein Bewußtsein vorzensierten Sprache. Deshalb lohnt es sich, den Versuch zu machen, die Bilder dieser Träume festzuhalten, jedenfalls einiges davon; manchmal kann ich Erstaunliches an ihnen lernen über mich selbst, genauer: über meine eigene Seele.

Das erste Erstaunliche, das ich an den Bildern meiner Träume lernen kann, ist dies: Meine Seele ist nicht entfernt so zufrieden, wie sie es den äußeren Umständen und meiner Meinung nach eigentlich sein sollte. Sie fühlt sich offenbar oft unbehaust, ist immer wieder auf der Flucht, geängstet, verfolgt, manchmal ausweglos eingeschlossen, ohne Luft zum Atmen oder gelähmt, sprachlos und kraftlos, ausgeliefert, am Ende ausgleitend und stürzend ins Bodenlose. Dies sind, so scheint es auf den ersten Blick, absurde Träume, die mit der Art, in der ich meinen Alltag erlebe und verarbeite, wenig zu tun haben. Aber ich muß mich dem stellen, daß meine Seele wohl anderes erlebt und andere Akzente setzt.

Die Bibel weiß zu erzählen von der großen Bedeutung von Träumen, und Psychologen zollen der Bibel an solchen Stellen gern ein besonderes Lob. Die Bibel kennt aber auch die gefährlichen Spiele der Traumdeuter und falschen Propheten, die Träume als Offenbarungen des Willens Gottes behandeln und die Menschen damit unfrei machen. So darf ich von meinen Träumen gewiß keine Offenbarung der Zukunft und keine verbindliche Weisung erwarten. Ich darf mich in dem Dialog mit der Seele nicht selbst aus der Verantwortung stehlen. Aber ich darf ihre Sprache auch nicht beständig überhören; und in dieser Gefahr sind wir fast alle.

Das zweite Erstaunliche, das ich an den Bildern meiner Träume lernen kann, ist die eigenartige Nähe dieser Bilder zu der Sprache der Psalmen. Auch dort kommt die Angst vor dem Ausgleiten und Abstürzen ins Bodenlose zu Wort, die Lähmung, die mich wehrlos macht, das dunkle Loch, die Erfahrung, in die Tiefe gerissen zu werden, das Gefühl, keine Luft zum Atmen mehr zu haben oder eingeschlossen zu sein ohne Ausweg. Es muß wohl doch so etwas geben wie eine Bildersprache der Seele, die sich formulieren und vermitteln läßt. Jedenfalls ist sie in den Worten der Psalmen auch schon Kindern zugänglich; »Vielleicht träumt er das nur!« sagte ein Zehnjähriger zu dem Anfang des 69. Psalms. Wahrscheinlich haben die Kinder mehr Erfahrungen mit solchen Ängsten, als wir uns eingestehen. In den Psalmen finden wir die Sprache der Seele so ausformuliert, daß wir lernen können, uns in sie einzuhören.

Erstaunlich ist schließlich, daß sich in der Sprache der Seele aber auch noch ganz anderes findet als die Bilder der Bedrängnis und die Klage über die Verheerungen. Zuweilen blitzt in den Bildern der Psalmen wie in denen unserer Träume auch etwas auf von einer ungestümen, ursprünglichen Freude. Nicht nur die Klage, auch das Lob ist für die Psalmen Sprache der Seele. Es ist die Seele, die das Wunder des Lebens und seine kostbare Schönheit wahrnimmt (Ps 139,14; 104). Aber auch hiermit hat es die Seele schwer, sich in unserem Bewußtsein Resonanz zu verschaffen; auch die Sprache der Freude müssen wir erst wieder neu zu verstehen und zu sprechen lernen. Doch während die Sprache der Angst, wo sie überhört wird, sich doch noch auf irgendeine Weise zu Worte zu melden versuchen wird, ist die Sprache der Freude wehrloser: Sie wird, wo sie keine Resonanz findet, einfach versiegen.

Emotionale Erziehung im Unterricht kann nur heißen, an den Emotionen der Kinder zu arbeiten, nicht im Sinne einer entmündigenden Manipulation, sondern so, daß die Kinder ihre Emotionalität (»ihre Seele«) wahrzunehmen und ernst zu nehmen lernen, um selbst besser damit umgehen zu können, und zwar zuallererst mit ihrer eigenen Angst. Aber wie soll es möglich sein, im Unterricht – ohne zu verletzen – Zugang zu diesen Tiefenschichten der Person zu finden? Es gibt sicher keinen direkteren und aufschlußreicheren Weg als den über ein genaueres und bewußteres Wahrnehmen eigener Träume.

Aber die Kinder haben nicht nur Schwierigkeiten, sich an Träume zu erinnern; sie haben auch eine natürliche Scheu, davon zu sprechen, und diese Scheu ist wohlbegründet. Wir stoßen hier auf ganz ähnliche Barrieren wie bei Gesprächen über die Angst: Wer von seinen Träumen erzählt, gibt viel von sich preis, gerade auch von seinen schwachen Stellen, selbst dann noch, wenn die Erzählung vorher der unvermeidlichen Zensur unterworfen und allzu Abgründiges herausgefiltert worden ist. Die Anstrengung dieser Selbstzensur läßt sich oft geradezu an den Gesichtern der Kinder ablesen: Wer einen Traum ungeschützt erzählte, lieferte sich damit der Gruppe aus, und eine Schulklasse ist keine Therapiegruppe.

Mir scheint, daß die Sprache der Psalmen eine unschätzbare Möglichkeit bietet, hier weiterzukommen, ohne die Kinder zu verletzen oder auch nur sie verletzlicher zu machen. In den Bildern der Psalmen können wir über die Bilder ihrer Angstträume sprechen, ohne daß Persönliches preisgegeben wird. Die Psalmen reduzieren die Ängste auf ihre intersubjektiv gültigen Strukturen, ohne daß sie damit ihre Konkretion verlören. Mir scheint: Sie reduzieren sie damit auf das Wesentliche, an dem zu arbeiten sich lohnt. Wer einmal versucht hat, Träume dingfest zu machen, der weiß, wie flüchtig ihre Bilder sind. Ein Traum, den man nicht gleich nach dem Aufwachen erzählt (und sei es sich selbst) oder aufschreibt, löst sich auf und ist nicht wieder einzufangen; nur diffuse Stimmungsfetzen bleiben zurück. Da haben die Bilder der Psalmen eine andere Konsistenz: Sie sind sprachlich fixiert und also wiederholbar; wir können mit ihnen umgehen und an ihnen

arbeiten. Im Umgang mit den Psalmen wird uns so auch die Sprache unserer Träume besser faßbar; wir erfahren mehr vom ABC und von der Grammatik dieser Sprache.
Auf der anderen Seite begreifen wir erst, wenn wir sie mit den Erfahrungen unserer Träume verbinden, welche Tiefe der Emotionalität hinter den Bildern der Psalmen steht. Wir lesen zu leicht darüber hinweg; unsere Träume erst lassen uns begreifen, wovon hier eigentlich die Rede ist.
Wir haben freilich immer wieder erlebt, daß unsere Versuche, Kinder von ihren eigenen Träumen erzählen zu lassen, unergiebig blieben. Die wirklichen Angstträume der Kinder kamen auf diese Weise nicht zutage, sondern nur lustige Geschichten von Allerweltsträumen, nicht selten als Plagiate deutlich erkennbar. So sind wir den anderen Weg gegangen und haben den Kindern von eigenen Träumen erzählt. Dabei ist ja nicht die Authentizität eines Protokolls verlangt, sondern eine verständliche Wiedergabe der eigenartigen Bilderwelt unserer Träume. Ganz von selbst werden darin auch die Bilder der Psalmen erscheinen: gehetzt und umstellt zu sein, ohne Luft zum Atmen, ins Bodenlose zu stürzen, dabei gelähmt zu sein, nicht schreien zu können. Kinder hören dabei genau zu und entdecken und identifizieren sofort die Anklänge an Worte aus den Psalmen, die sie kennen.

Eine Studentin hat einen Traum erzählt. Die Erzählung endet so: »Sie umringen mich, sie kommen immer näher. Warum hilft mir denn niemand? Hält denn niemand zu mir? Wie wilde Hunde kommen sie immer näher, ihre Finger zeigen bedrohlich auf mich. Und dann passiert es: Ich falle und zerbröckele, alle meine Knochen fallen auseinander. Ich liege da ...«

Viele Meldungen und Ausrufe: Ooh!

Michael: Da kommen die ganzen Wörter, die wir auf den Karten haben, vor.
Yvonne: Ich bin wie ein zerbrochenes Gefäß!
Melanie: Auch mit den Knochen das. Ich kann meine Knochen zählen.
Michael: Ich rufe, aber mein Hals ist heiser. Ich kenne die Karte jetzt nicht mehr so genau – wo Sie gesagt haben: Ich wollte schreien, aber es kommt kein Ton aus mir heraus.
Christoph: Ich rufe, du antwortest nicht. Sie rufen, und keiner antwortet.
Ali: Sie schauen auf mich herab.
...: Sie aber stehen um mich herum und schauen auf mich herab.
Jan: Oder wo die immer näher gekommen sind, da habe ich an Psalm 22 gedacht. Da standen ja auch die Büffel und die Rinder um den Mann (liest auf dem Arbeitsblatt der vorletzten Stunde nach); da steht: Mächtige Büffel haben mich umringt.
Hendrik: Ich kann mir gar nicht vorstellen, wie die Kinder da so stehen. Dann reißen sie den Mund auf und dann zeigen sie auf Sie ...?
Christoph: Das kann man sich ja gut vorstellen!
...: Ja, genau!

Im Gespräch ist zu merken, wo sie dabei auch ihnen selbst bekannte Traumerfahrungen wiederentdecken. Es kann so tatsächlich gelingen, die eigenen Träume mit der Sprache der Psalmen in einen fruchtbaren Dialog zu bringen: Die Träume gewinnen durch die Sprache der Psalmen deutlichere Konturen, und die Sprache der Psalmen gewinnt für die Kinder jene emotionale Tiefe, die ihr ursprünglich eignet.
Wenn es möglich ist, können wir auch noch einen anderen Weg mit den Kindern versuchen. Es könnte eine Aufgabe sein, die die Kinder inspiriert: Sie sollen Phantasie- oder Traumgeschichten zu den Worten der Psalmen erfinden, frei von aller Bindung an wirklich Erlebtes. Sie werden ohnehin genug Authentisches in diesen Geschichten erzählen, denn niemand kann Phantasiegeschichten anders denn aus eigenen Bildern gestalten. Aber wir haben dabei nicht die Absicht, in die von der Scham zu Schutzzonen erklärten innersten Bezirke der Kinder einzudringen, sondern sie sollen mit der Sprache der Psalmen spielend so umzugehen lernen, daß sie auch im Ernstfall nicht an der Grenze dieses sorgfältig gehüteten innersten Bezirks zu sprechen aufhört.

4
Worte gegen die Angst

4.1
Klage als Widerstand

Man kann sich nur wundern, wie spurenlos die Klage aus unserer theologischen Tradition verschwunden war. In den gottesdienstlichen Gebeten hatte sie so gut wie keinen Raum mehr, im Gesangbuch nur in einigen Liedern des ältesten Bestandes. Weithin ist sie auch im persönlichen Gebet sprachlos geworden. Erst im Angesicht des unerträglichen menschlichen Elends in den Ländern des Hungers und unter der Drohung der nuklearen und ökologischen Katastrophe hat die Sprache der Klage auch in den Gottesdiensten wieder Raum gewonnen. Doch wo das geschieht, erhebt sich zugleich der Argwohn, hier werde das Eigentliche des Gottesdienstes preisgegeben und das Gebet in unerlaubter Weise politisiert.
Dieses Mißtrauen gegen die Klage ist offenbar theologisch tief begründet: Die Klage ist als Äußerung des Glaubens zunehmend für unschicklich empfunden worden; der Glaube klagt nicht, sondern schickt sich drein und ist am Ende der Erlösung gewiß. Unschicklich ist die Klage, weil sie gerade nicht die Sprache des Sich-Fügens spricht, sondern die des Protestes, und unheimlich wird sie, weil sie unversehens die Grenze zur Anklage überschreitet, und zwar zur Anklage Gottes! Das darf nicht sein, sagen unsere theologischen Traditionen; glauben heißt zuallererst, sich demütig zu beugen unter Gottes Willen. Aber daran kann etwas nicht stimmen, wenn in der Bibel so anders geredet wird; hier bekommt Hiob, der sich mit aller Macht gegen Gott auflehnt, am Ende recht gegen seine Freunde, die ihm demütige Beugung predigen wollen – und er bekommt sein Recht von eben dem Gott, gegen den er sich auflehnte!

Mit dem Verschwinden der Klage aus der Sprache unseres Glaubens ist uns mehr verlorengegangen als nur eine alte Ausdrucksform persönlicher Frömmigkeit. Auf die Klage zu verzichten heißt, auf den Protest zu verzichten, auf den Protest im Namen des Glaubens, und das bedeutet am Ende, Gott mit allem zu identifizieren, was immer geschieht. »Alles, was geschieht, ist Gotts Wille« – das ist ein Satz, der beansprucht, Ausdruck vollendeter Frömmigkeit zu sein, doch in Wahrheit bewegt er sich an der Grenze der Lästerung, denn er identifiziert Gott willig mit allen Grausamkeiten, die auf der Erde geschehen. Im Angesicht solchen menschlichen Elends wird nicht die bereitwillige Hinnahme, sondern der Widerstand zur Signatur des Glaubens. Das ist nicht erst aus der Theologie der Befreiung, sondern schon aus den Psalmen, aus dem Buch Hiob und beim Propheten Jeremia zu lernen.

Nun stimmt es sicher nicht, daß, wie das Sprichwort sagt, Angst und Not das Beten lehren. Vielmehr muß die Angst erst mühsam, gegen Widerstände von innen und außen, ihre Sprache finden. Denn was ängstet, ist schwer zu benennen; und wer seine Angst ausspricht, beraubt sich damit womöglich selbst seines Gewichts bei den anderen. Das Aussprechen der Angst ist von mancherlei Sanktionen bedroht; sie reichen von der Bagatellisierung der Angst bis zur Isolierung des Geängsteten. Beide Reaktionen spiegeln sich auch in den Psalmen.

Natürlich muß es hier unter uns schon aus Gründen des Selbstschutzes Schranken geben; Bonhoeffer reagiert mit Abscheu auf das ständige Thematisieren der Angst bei den Gesprächen im Gefängnishof. Aber es ist etwas anderes, eine Sprache für die Angst zu suchen oder ständig davon zu reden. Und wer ernsthaft den Kampf mit der Angst aufnehmen will, wird dies nicht anders tun können als so, daß er eine Sprache für das zu finden versucht, was ihn ängstet. Offenbar macht es einen Unterschied, wie einer von seiner Angst redet. Nicht jedes Reden von der Angst ist schon befreiend; um so wichtiger ist es, uns von den Psalmen auf diesen Weg bringen zu lassen, denn hier ist die Klage gerade nicht die wehleidige Spiegelung der eigenen Angst, sondern Auflehnung gegen die Angst, ein vielleicht letzter Versuch, aus ihrem Gefängnis auszubrechen.

Woran ist der Unterschied zu erkennen? Die Sätze der Klage haben in den Psalmen syntaktisch die Form der Beschreibung. Daß sie gleichwohl keine Zustandsschilderung sind, sondern die Sprache eines bewegten Kampfes, zeigt sich an ihrer Einordnung: Die Sätze der Klage stehen nicht für sich, sondern sie gipfeln in dem Schrei um Hilfe. Dieser Hilferuf steht manchmal am Anfang, manchmal am Ende, in jedem Falle aber beherrscht er den Zusammenhang.

Es gibt noch ein anderes Anzeichen dafür, daß die Klage der Psalmen in ihrem Kern nicht aus dem Selbstmitleid geboren ist, sondern aus dem Widerstand gegen die Angst: Es ist keine larmoyante, sondern eine andringende, zuweilen aggressive Klage, die in dem Vorwurf gipfelt: Warum? (Ps 22,2; 44,10.24; 74,1.11; 88,15 u.ö.). Wie lange? (Ps 4,3; 6,4; 13,2f; 35,17; 62,4; 89,47 u.ö.).

Wenn es wahr ist, daß wir es in den Psalmen mit ganz elementaren Formen des Redens von Gott und mit Gott zu tun haben, dann gehört zu diesen elementaren Formen nicht nur die Klage, sondern unmittelbar daraus erwachsend auch die Anklage Gottes. Das allerdings hat theologische Konsequenzen, auf die wir noch zurückkommen müssen.

4.2 Namen des Vertrauens

Zunächst aber müssen wir den Weg der Klage weiterverfolgen. Sie geht nicht ins Ungewisse; sie wendet sich an einen Adressaten, von dem sie Antwort fordert. Wo finden sich in den Psalmen Spuren dieser Antwort? Wie helfen sie uns weiter in den Fragen des Umganges mit der Angst der Kinder?

Es gibt bestimmte geläufige theologische Argumentationsfiguren, die aber als Antwort auf die Angst ganz ungeeignet sind. Wir könnten mit dem Adressaten der Angst argumentieren, indem wir etwa sagen: Der Beter ruft Gott, und Gott ist in jedem Falle mächtiger als die Angst. Gott hat jeden Menschen lieb! Aber solche Sätze haben eine große Schwäche gegenüber den unmittelbar gegenwärtigen Erfahrungen der Angst: Sie bleiben abstrakt und allgemein, während die Angst massiv und konkret erfahren wird. Was nützt es mir aber, von einem Gott zu hören, der über alle Feindschaft und Angst erhaben ist, mich aber gerade dieser tödlichen Angst wehrlos ausgeliefert sein läßt? Mit solchen Sätzen werden wir die Tiefen der Angst nicht erreichen.

So können wir unsere Aufgabe genauer bestimmen: Wir suchen nach Gegenworten gegen die Angst, die ebenso elementar sind wie diese, die die gleiche emotionale Tiefe erreichen und dort der Angst standzuhalten vermögen. Sätze theologischer Belehrung werden dies nicht leisten können. Aber was für eine Art von Worten oder Sätzen ist überhaupt in der Lage, der Angst etwas entgegenzusetzen? Es bleibt kein anderer Weg: Wir werden uns wieder in den Psalmen selbst auf die Suche machen müssen; und wenn es Worte sein sollen, die der Angst wirklich standhalten, werden wir sie gerade dort suchen müssen, wo die Wogen der Angst am höchsten gehen, in unmittelbarer Nachbarschaft der Klage.

Tatsächlich finden wir dort solche Worte, Lichter in der Nacht, Felsen in der Brandung. Manche dieser Worte haben eine aufs äußerste reduzierte sprachliche Form; sie sind noch einfacher als die Sätze der Klage, eine einfache Anrede, ein Name, der Vertrauen einflößt:

DU BIST MEIN HELFER (63,8)
DU BIST MEINE ZUVERSICHT (61,4)
MEIN SCHILD MEINE EHRE (3,4)
MEIN FELS MEINE BURG MEIN RETTER (18,3)
MEIN SCHIRM (32,7)

So wird Gott mit immer neuen Namen des Vertrauens angeredet. Wenn es stimmt, daß das Benennen, das Namengeben, der schlechthin elementare Sprechakt ist, dann sind wir hier bei dem schlechthin Elementaren theologischer Sprache.

Solche Namen des Vertrauens sind freilich nicht gebunden an die Form der direkten Anrede. Sie können auch zur Erinnerung und Vergewisserung für mich selbst und andere ausgesprochen werden. Sie sprechen dann von Gott in der dritten Person:

> DER HERR IST MEINE MACHT UND MEIN PSALM UND IST MEIN HEIL (118,14)
> MEIN LICHT UND MEIN HEIL MEINES LEBENS KRAFT (27,1)
> MEIN HIRTE (23,1)

Daß solche Sätze von denen der direkten Anrede nicht weit entfernt sind, zeigt gerade der 23. Psalm; das anfängliche »er ist« verwandelt sich im finstern Tal im Angesicht des Todesschattens in das

> DU BIST BEI MIR (23,4)

Diese ganz einfachen Namen Gottes werden in den Psalmen erweitert und entfaltet. Die hebräische Sprache hat hier straffere Möglichkeiten syntaktischer Konstruktion, die den Vorgang der Anrede mit neuen Namen des Vertrauens noch deutlicher erkennen läßt als die Übersetzung, die hier schon zu der etwas umständlichen (in der liturgischen Sprache freilich gebräuchlichen) Form des Relativsatzes greifen muß. Im hebräischen Text der Psalmen können einfache Partizipialkonstruktionen zu solchen Namen Gottes werden: Er ist der, der MIR DEN KOPF HOCHHÄLT (3,4), der DIE ARMEN HÖRT (69,34). Der 146. Psalm flicht ihm einen ganzen Kranz von solchen Namen: Gott ist der,

> DER HIMMEL UND ERDE MACHT
> DAS MEER UND ALLES WAS DARIN IST
> DER TREUE BEWAHRT IN EWIGKEIT
> DER RECHT SCHAFFT DENEN DIE GEWALT LEIDEN
> DER DEN HUNGRIGEN BROT GIBT
> DER DIE GEFANGENEN FREI MACHT
> DER DIE BLINDEN SEHEND MACHT
> DER DIE NIEDERGESCHLAGENEN AUFRICHTET
> DER DIE GERECHTEN LIEBT
> DER DIE FREMDLINGE BEHÜTET

Noch persönlicher sind die Namen in Psalm 103: Die Seele soll ihn begreifen und loben als den,

> DER DIR ALL DEINE SÜNDE VERGIBT
> UND HEILT ALL DEINE GEBRECHEN
> DER DEIN LEBEN VOM VERDERBEN ERLÖST
> UND DICH KRÖNT MIT GNADE UND BARMHERZIGKEIT
> DER DEIN LEBEN SÄTTIGT MIT GUTEM (103,3–5)

Es ist nur ein kleiner Schritt, daß solche Namen zu ganzen Sätzen erweitert werden, die aber viel einfacher, wortkarger sind als die der deutschen Übersetzung. Gott ist der, der MEIN WEINEN HÖRT (6,9), der MEIN ELEND ANSIEHT (31,8), der MICH TRÖSTET IN ANGST (4,2), der MICH FESTHÄLT (3,6; 73,23).

So finden die Psalmen immer neue Gottesnamen. Wir überlesen sie oft, so, als handele es sich um bloße Freude an blumenreicher Rede. Aber dies alles sind Namen, die im Feuer der Angst gehärtet sind, die hier nicht stünden, wenn sie nicht in der Lage gewesen wären, auch in der äußersten Finsternis noch Licht zu geben. Für uns beginnen sie überhaupt erst auf diesem Hintergrund wirklich zu leuchten. Wenn wir verstehen wollen, was sie sagen, müssen wir sie zusammen mit den Worten der Angst und der Klage hören; erst so beginnen sie wirklich zu sprechen.

Wie aber verhalten sich all diese Namen für Gott zu dem einen Namen Gottes, den das Alte Testament kennt? Der hebräische Text überliefert ihn uns als einen unaussprechlichen Namen; die Konsonanten und Vokale passen nicht zueinander. Der hebräische Text will nicht, daß dieser Name ausgesprochen wird; und die Konsequenz, die das Judentum an dieser Stelle bis heute übt, scheint mir ein eindrücklicherer Hinweis auf die Wirklichkeit Gottes als alle wohlfeilen Argumente christlicher Beredsamkeit dagegen. Mir geht die Empörung von Franz Rosenzweig über die christliche alttestamentliche Wissenschaft nicht aus dem Sinn, die sich über diese jüdische Zurückhaltung hinwegsetzen zu dürfen glaubt: »... diese Degradierung des Gottesnamens zu einem Götzennamen ist ... eine mit modernen Kriegsmitteln unternommene Fortführung des alten theologischen Kampfs gegen das ›Alte Testament‹ oder wenigstens seinen Autarkieanspruch, seine Biblizität, die es für den Juden hat. Die jüdische Bibel ruft: Eli, Eli! mein Gott, mein Gott! und die Alttestamentler schütteln den Kopf und erklären: Er rufet dem Elias« (so 1929 in seinem Aufsatz »Der Ewige«, in: Kleinere Schriften 195).

Der Konsonantenbestand dieses Namens steht fest: Er heißt *JHWH;* jede Vokalisierung aber, sei es die alte, irrtümliche »Jehovah« oder die moderne wissenschaftliche, ist eine Verballhornung, weil sie einen sinnlosen, unverständlichen Namen daraus macht. Für das Alte Testament aber ist es ein sprechender Name, der seinen Träger charakterisiert, ein Eigenname im eigentlichen Sinn. Als solcher wird er jedenfalls in der Erzählung vom brennenden Dornbusch (2. Mose 3,14) erschlossen. Er wird dort interpretiert durch das ganz ähnlich klingende hebräische Verb »Ich bin«. Wo im hebräischen Text der Gottesname steht, soll dieses Wort mitgehört werden. Aber das hebräische Verb »Ich bin« – Martin Buber hat immer wieder darauf hingewiesen – hat nicht den Sinn eines in sich ruhenden Seins, sondern das Verb beschreibt ein Geschehen. So bezeichnet der Name »Ich bin« nicht die Selbstgenügsamkeit eines ewig in sich ruhenden Seienden, sondern die Gegenwart Gottes. »Ich bin da«, übersetzt Martin Buber, oder: »Ich bin und bleibe gegenwärtig.« Der Name spricht aus, was die Erzählung unmittelbar zuvor schon als die große Verheißung an Mose formuliert hat: Ich werde mit dir sein. Es ist die gleiche Verheißung, die uns im Neuen Testament als das letzte Wort des Auferstandenen begegnet: »Ich bin bei euch!« (Mt 28,18). Wo immer der Gottesname gelesen wird, soll diese Verheißung vernommen werden.

Nun ist diese Zusage »Ich bin bei euch« tatsächlich der Inbegriff allen Trostes. Es ist ein eindeutiges Wort, auch unter Menschen. Wenn wir Kinder Geschichten suchen und erfinden lassen, die zu diesem Wort passen, sind es immer Trostgeschichten, die die Erfahrung beschwören, daß mitten in der Angst jemand da war und seine Gegenwart stärker war als die der Angst.

So zeigt sich, daß der eine Name Gottes im Alten Testament nicht ohne Beziehung ist zu den vielen Namen des Vertrauens, die die Psalmen Gott geben. Der eine Name ist der Inbegriff und Grund allen Trostes, und das entdecken auch Kinder; die vielen Namen konjugieren den einen Namen durch all die unterschiedlichen Erfahrungen der Angst.

Der sprechende Gottesname ist unserem abstrakten Wort »Gott« wie auch der geläufigen freudlosen Übersetzung des Gottesnamens »Herr« weit voraus. Überraschend ist, wie beredt die Sätze werden, die ausdrücklich vom »Namen Gottes« sprechen, wenn wir die Bedeutung dieses Namens mithören. Das gilt erst recht für all die Stellen, in denen der hebräische Text den Gottesnamen schrieb und unsere Übersetzung an seiner Stelle nichts anderes zu sagen weiß als »Herr«. Zwar hat auch die hebräische Bibel ein abstraktes und allgemeines Wort für »Gott«. Auch dieses Wort verwenden die Psalmen häufig, aber in der Regel mit einer charakteristischen Abwandlung: Wo es um den Kampf zwischen der Angst und dem Trost geht, wird durch einen angehängten Buchstaben das allgemeine Wort Gott zu einem persönlich angeeigneten, das Abstraktum zu einem Konkretum. Eli heißt »mein Gott!«. Dieses »mein« verwandelt die Rede von Gott. »Du bist mein Gott!« kann ebenso wie die Verheißung »Ich bin bei euch!« zum Inbegriff allen Trostes werden:

VON MUTTERLEIB AN BIST DU MEIN GOTT (Ps 22,11)

Der jüdische Leser des Alten Testaments liest an der Stelle des Gottesnamens das Wort *adonaj*. Das Substantiv bedeutet »Herr«, und insofern ist die Übersetzung unserer Bibel korrekt; aber der letzte Buchstabe verändert den Sinn: Er beschreibt die ganz intensive persönliche Beziehung zu diesem Herrn, die aber die deutsche Übersetzung nicht wiedergeben kann, weil die Wendung »mein Herr« umgangssprachlich völlig verschlissen ist. Im Neuen Testament hat die zweimal erwähnte Anrede Rabbuni (Mk 10,51; Joh 20,16) diesen Klang, ähnlich die Antowrt des Thomas: Mein Herr und mein Gott! (Joh 20,28).

Auf unsere Frage aber, wie wir anfangen können, Kindern zu zeigen, wer Gott ist, geben die Namen Gottes die erste elementare Antwort, ohne die alle weiteren Antworten keine Basis hätten. Gott ist nicht zuallererst der Allmächtige und dann auch noch ein Gott, der, wenn es ihm gefällt, sich ei-

nes einzelnen Menschen annehmen kann, sondern er ist zuallererst der Trost des Elenden, der mein Weinen hört, der mich tröstet in Angst, der mich bei meiner Hand hält und der schon lange, noch ehe ich es wußte, von Mutterleib an, *mein* Gott war. Und gerade für Kinder ist es wichtig, daß sie ihn zuallererst so kennen und anreden lernen und nicht als den Gott der Erwachsenen, den großen Aufpasser, der am Ende für alles einstehen muß, was die Erwachsenen anrichten.
Aber ist es wirklich zulässig, daß jeder mit den Psalmen Gott als seinen Gott beansprucht? Haben wir nicht noch im letzten Krieg den schrecklichen Mißbrauch des »Gott mit uns« auf den Koppelschlössern der Soldaten erlebt? Doch die Psalmen stehen ja in der Bibel nicht allein. Gerade der Gottesname und die persönliche Aneignung »mein Gott« verbinden sie mit einer anderen, nicht weniger elementaren Form theologischer Rede, den Geboten. Der erste Satz der Zehn Gebote sagt ebendies: »Ich bin *JHWH,* dein Gott«, und unmittelbar daraus folgen die Gebote. Doch bleibt es auch hier dabei, daß sie aus dem ersten Satz *folgen;* die Reihenfolge ist eindeutig: Das erste Wort bleibt das Wort der Verheißung und des Trostes.

4.3
Elementare Theologie

Was es heißt, elementar von Gott zu reden, läßt sich am besten an den uns geläufigen nicht-elementaren Formen des Redens von Gott verdeutlichen. In der Regel vollzieht sich die Auseinandersetzung zwischen dem Glaubenden und dem Atheisten so, daß beide auf ihre unterschiedlichen Axiome verweisen: die Existenz bzw. die Nicht-Existenz eines höheren Wesens. Über diese unterschiedliche Axiomatik der jeweiligen Standpunkte vermag das Gespräch keine Brücke mehr zu schlagen. Wenn Verständigung geschehen soll, muß der eine seine eigenen Voraussetzungen preisgeben und die des anderen übernehmen.
Didaktisch ist damit eine hoffnungslose Situation beschrieben. Unser Unterricht stünde vor der Alternative, entweder sich auf die wenigen Kinder einzustellen, die schon als bewußte Christen in den Unterricht kommen, oder aber seinen Gegenstand, die »Religion«, so weit zu definieren, daß notwendigerweise alle Menschen darauf ansprechbar sind, also etwa als die Frage nach dem Sinn des Lebens, die jeder Mensch stellt. Die biblische Art des Redens von Gott ist dann eine Antwort auf diese Frage, die freilich auf einer besonderen Axiomatik basiert und infolgedessen nicht jedem zugänglich sein kann.
In der so beschriebenen Situation der Auseinandersetzung ist eine Übernahme der religiösen Voraussetzungen nur möglich als ein Entschluß blinden Vertrauens auf ihre Richtigkeit und Gültigkeit. Dieser Entschluß zur blinden Übernahme wird dann gern als »Glaube« gepriesen – als ob nicht gerade die jüngste deutsche Geschichte dies mit allem Nachdruck gelehrt hätte, daß blinder Glaube in die Unmenschlichkeit führt. Wo Gehorsam zu

einem Wert an sich wird, ist der Mensch buchstäblich zu allem fähig. Und gerade auch die Kirchengeschichte ist voll von Beispielen solcher theologisch begründeten Unmenschlichkeit. Davor die Augen zu verschließen kann heute nicht mehr gestattet sein.

Die Frage nach dem Elementaren führt demgegenüber das Gespräch zurück auf eine Ebene, in der Verständigung noch möglich ist, weil alles Gesagte an Erfahrungen zu überprüfen ist und sich dieser Überprüfung auch bewußt aussetzt. Nicht, daß hier ohne Voraussetzungen gesprochen würde; jeder bringt seine eigene Biographie und mit seiner Sprache auch die Kultur und Geschichte einer Gemeinschaft in das Gespräch ein, aber nicht mit dem Anspruch, dies blind zu übernehmen, sondern sich gemeinsam der dort angesprochenen Wirklicheit zu vergewissern.

Der Rückgriff auf das Elementare dient zunächst der eigenen Vergewisserung. »Was glauben wir wirklich, d.h. so, daß wir mit unserem Leben daran hängen?« fragte Bonhoeffer, als er in der Haft war, um damit eine Bilanz seines Lebens und seiner Theologie zu ziehen. Wenn es denn um Entscheidungen geht, an denen unser Leben hängt, kann der blinde Kopfsprung in eine fremde Axiomatik nicht mehr als tragfähige Grundlage angesehen werden. Die Frage ist, was denn der andringenden Bedrohung standzuhalten vermag und dazu hilft, Wahn und Wirklichkeit zu unterscheiden.

Eine andere Ebene der Vergewisserung ist das Gespräch. Der Glaube muß gesprächsfähig bleiben, sonst gibt er seinen ureigensten Anspruch auf. Er lebt davon, daß er das Wort des einen Gottes an diese Welt, seine Schöpfung, vernommen und verstanden hat; so muß er dieses Wort auch vernehmbar und verständlich weitersagen können. Das Wort, auf das sich der Glaube beruft, ist ja doch nicht ein Wort für einen kleinen Kreis von Sektierern, sondern das befreiende und wegweisende Wort an alle.

Was wir von Gott sagen, muß sich an unseren Erfahrungen und Einsichten verständlich machen und mit ihnen vermitteln lassen. Das heißt nicht, daß es durch unsere Erfahrungen gedeckt und erwiesen sein müßte: Die großen biblischen Verheißungen des Friedens gehen in unseren Erfahrungen nicht auf; und doch werden sie gerade erst auf dem Hintergrund der wachsenden Bedrohung unserer Welt beredt. Gerade auf dem Hintergrund der Gefahr einer ökologischen Katastrophe wird das Gewicht der Zusage verständlich, daß trotz allem nicht aufhören soll Sommer und Winter, Frost und Hitze, Saat und Ernte, Tag und Nacht (1.Mose 8,22).

Die Psalmen sprechen von Gott in einer derart verständlichen Sprache. Sie reden aus der Tiefe der Angst; gerade dort verzichten sie auf die Voraussetzung, die alle religiöse Rede zumal in solchen Situationen sonst unabdingbar erhebt: den selbstverständlichen Glauben, daß es ein Leben nach dem Tode gibt. Das Alte Testament kennt zu gut die gefährlichen Konsequenzen, die sich aus einer solchen Voraussetzung ergeben: die Relativierung dieses einmaligen, kostbaren Lebens. Es sind die praktischen Konsequenzen, die diese Voraussetzung so fatal machen: jede Lebensverachtung, jedes Menschenopfer, jede Vertröstung kann durch sie gerechtfertigt werden.

Die Psalmen reden von Gott und mit Gott ohne diese Voraussetzung, die für alles religiöse Reden sonst selbstverständlich ist. Darin liegt ihre theologische Größe und ihre didaktische Stärke. Sie verweisen nicht in den Bedrängnissen dieses Lebens auf »die verschiedenen Notausgänge«, sie suchen nicht als Trost in der Angst jene »letzte Ausflucht ins Ewige«, die Bonhoeffer als zutiefst unbiblisch verwarf (Widerstand und Ergebung, Neuausgabe 393 und 369). Sie reden nicht einer Flucht aus der beängstigenden Wirklichkeit das Wort, sondern sie stellen sich der Angst, mit Worten, die wir noch aus dem Abstand der Jahrtausende als authentisch empfinden und die jeder Geängstete nachvollziehen kann. Und doch sind es Worte, die über die Angst hinausgehen; sie zeigen nicht nur die Größe der Angst, sondern zugleich den Willen, ihr zu widerstehen. Nur bleibt die Frage, woher sie den Mut nehmen zu solchem Widerstand. Kommen hier am Ende nun doch wieder religiöse Axiome ins Spiel, die sich nicht mehr befragen und vermitteln lassen?

Reden die Psalmen wirklich so elementar, wie wir sie einschätzen, dann werden sie auch an dieser Stelle verständlich Auskunft geben über den Grund ihres Mutes zum Widerstand gegen die Angst. Tatsächlich entdekken wir bei genauerem Hinsehen, daß sie auch in der Klage noch argumentativ reden. Das klingt überraschend, aber schon die formgeschichtliche Analyse hatte argumentierende Sätze als ein wesentliches Formelement der biblischen Klagepsalmen erkannt (Gunkel/Begrich, Einleitung in die Psalmen 231,18–236,20). Mir scheint aber der argumentative Charakter der Klage weit über diese schon syntaktisch als Argumente erkennbaren Sätze hinauszugehen. Schon die Schilderung der Angst hat ja nicht eigentlich beschreibenden, sondern appellierenden Charakter: Sieh doch mein Elend! (9,14; 25,18). Ein Appell aber ist mehr, als die Form des Imperativs erkennen läßt: gerade nicht eine imperiale, befehlende Sprache, sondern der Appell will überzeugen, er will begreifen machen. Dahinter steht die selbstverständliche Erwartung, daß aus dem Begreifen ein Handeln folgt, ein Eingreifen, das die Situation verändert. Der Appell setzt voraus: Wer begreift, was hier geschieht, kann das so nicht geschehen lassen; wer wirklich wahrnimmt, wie ein Mensch in der Angst untergeht, der kann nicht untätig zuschauen, sondern muß helfen. So ist schon der Schrei um Hilfe in den Klagepsalmen nichts anderes als ein solcher Appell, der teilhat an dem argumentierenden Charakter der Klage insgesamt.

Womit argumentieren die Klagepsalmen? Einfacher ist zu sagen, womit sie jedenfalls nicht argumentieren: Sie argumentieren weder mit der Vorstellung eines allmächtigen Gottes, der überall und in allem wirkt, was immer geschieht, noch mit der Existenz eines Lebens nach dem Tode, das alles, was hier geschieht, relativiert. Sie können damit gar nicht argumentieren, denn die erste Voraussetzung müßte die Klage als unbotmäßig erdrücken, die andere sie als unsinnig ersticken.

Natürlich kommen an dieser Stelle die eigentlich theologischen Vorausetzungen der Psalmen ins Spiel, aber nicht in der Form von Axiomen, die wir nur unbefragt akzeptieren oder aber ablehnen könnten. Sie vertreten vielmehr auch diese ihre theologischen Voraussetzungen in einer Weise, die sie verständlich macht. Das zeigen die ausdrücklich argumentierenden Sätze der Klagepsalmen, z.B.: »Du ließest mich geborgen sein an der Brust meiner Mutter« (22,10). Damit ist gesagt: Mein Leben hätte sich gar nicht entfalten können ohne solche anfängliche Geborgenheit; solche Geborgenheit aber habe ich mir nicht selbst verschaffen können, sie war von Anfang an ein Geschenk, ein lebensnotwendiges Geschenk. Ich habe von Anfang an von solcher erfahrenen Güte gelebt, doch all diese erfahrene Güte wird jetzt sinnlos, wenn mein Leben zerstört wird; nicht einmal die Erinnerung bleibt dann noch: »Denn im Tode gedenkt man Deiner nicht – wer wird Dir bei den Toten noch danken?« (6,6). Aus der Erinnerung früherer Generationen wird die Erfahrung der Hilfe beschworen: »Unsere Väter hofften auf Dich; und da sie hofften, halfst Du ihnen heraus« (22,5). Die persönlich oder in der Gemeinschaft erfahrene Güte und Bewahrung aber wird als eingebettet in die Güte und Verläßlichkeit der Schöpfung begriffen: Täglich bekundet die Schöpfung, daß die Macht der zerstörerischen chaotischen Gewalten begrenzt ist; »Du hast eine Grenze gesetzt, darüber kommen sie nicht und dürfen nicht wieder die Erde bedecken« (104,9); deshalb darf auch mich jetzt nicht die Tiefe verschlingen (69,16).

Dies sind die grundlegenden Erfahrungen, die die Klagepsalmen voraussetzen und mit denen sie argumentieren. Diese Erfahrungen werden mit der Anrede »Du« personal verankert und identifiziert. Das ist nicht ein salto mortale in eine nun doch nicht mehr der Verständigung zugängliche religiöse Axiomatik, sondern offenbar die einzige Möglichkeit, den Geschenkcharakter solcher Erfahrungen und vor allem ihre Eindeutigkeit und Verläßlichkeit zu bewahren. In den Psalmen kommen unzählige ähnliche Erfahrungen zu Worte, die diese Verläßlichkeit bestätigen; und dennoch wird daraus nicht die Unantastbarkeit eines religiösen Axioms. In der Klage vieler Psalmen wie bei Jeremia oder Hiob ist nachzulesen, wie in den Tiefen der Angst auch die Güte und Verläßlichkeit Gottes fragwürdig wird und damit Gott selbst; denn mit der Verläßlichkeit und Güte wird das Entscheidende der biblischen Gotteserfahrung hinfällig. So steht in der Bedrohung, von der die Klagepsalmen sprechen, buchstäblich alles auf dem Spiel. Und gerade darin liegt die Menschlichkeit des Gottes, von dem die Bibel spricht (nicht erst das Neue Testament): Er bleibt mit seiner ganzen Existenz dem Leiden der Menschen verhaftet. Erst diese Menschlichkeit Gottes ermöglicht, so elementar und d.h. so verständlich und jeder Frage zugänglich von Gott zu reden. Erst sie kann die tiefe Widersprüchlichkeit überwinden, die sonst einer durch die Allmacht definierten Gottesvorstellung anhaftet; erst sie verleiht dem Reden von Gott jene auch emotionale Eindeutigkeit, um die Luther sein Leben lang gerungen hat.

Es ist erstaunlich, welche Erfahrungen mit der Widersprüchlichkeit Gottes Kinder mitbringen. Ich habe in einem fünften Schuljahr ein einschlägiges Gespräch erlebt, das sich an den Farben entzündete, die man benützen könne, wenn man »etwas von Gott malen« wollte. Dabei kam auch die Un-Farbe Schwarz ins Spiel; viele wehrten sich gegen die Verwendung dieser Farbe für Gott, andere rechtfertigten sie:

- Also ich meine, Gott müßte man (Pause) mit einem ganz dicken Schwarz malen. Gott ist gnädig, aber er läßt sich auch alles . . . (Pause) ich meine, es gibt auch Todsünden, und die kann man nicht mehr gutmachen, meine ich.
- Also wenn man gesündigt hat erst meinetwegen . . . so meine ich, müßte es auch eine schlechte Seite an ihm geben, oder: Es gibt auch eine schlechte Seite . . . die schwarze Seite, daß er dann also gar nicht gnädig ist, also daß er auch strafen kann, aber auch vergeben.
- Also Gott . . . Gott kann man auch ganz weiß malen, also so - der ist so ganz gut zu einem, und der hilft - hilft einem. Und aber Gott - Gott kann auch ganz schwarz schein, und dann straft er einen.
- Vielleicht wechselt er die Farbe! (starke Zustimmung in der Gruppe)
- Das ist jetzt zwar'n Widerspruch, aber - mir ist gerade eingefallen - wenn doch Gott immer das Richtige meint, dann dürfte man ihn ja normal gar nicht schwarz malen, aber von uns aus gesehen ist das dann schwarz.

Luther hat zuweilen Ähnliches geäußert: In der Anfechtung könne einem das Gesicht Gottes zuweilen wie die Fratze des Teufels erscheinen. Solche Einsichten können Kinder formulieren, wenn sie eine einfache und anschauliche Gesprächsgrundlage haben, in diesem Falle die Frage der angemessenen Farben.

In dem gleichen Gesprächszusammenhang fiel noch eine andere bemerkenswerte Äußerung, die auf eine mittlerweile ein Jahr zurückliegende Unterrichtsstunde zurückgriff. Dort war aus dem Buch »Sternkinder« von Clara Asscher-Pinkhof, in dem etwas von dem Schicksal jüdischer Kinder in den Konzentrationslagern des Nationalsozialismus authentisch berichtet wird, eine Geschichte besprochen worden, in der eine Mutter ihren Kindern vor dem Abtransport nach Auschwitz sagt: »Kommt, Jungens, zieht euch an! Gott ist überall . . . genausogut in Polen wie hier« (a.a.O. 114). Jetzt zitierte ein Junge dieses Wort der Mutter und fuhr fort:

». . . also auch, wenns mal dunkel ist, und schwarz ist ja nicht gut, also bedeutet ja praktisch immer was Schlechtes, weil - wenn die nach Polen geschickt wurden oder so, dann ist das ja für sie auch nicht gut; deshalb ist er trotzdem da. Und deshalb ist er vielleicht mit der Farbe gemalt (schwarz), weil das vielleicht auch ausdrücken soll, die Farbe, daß er überall ist, auch bei Schlechtem.«

Der Junge, der dies sagte, hatte selbst seine Erfahrungen mit dunklen Zeiten machen müssen. Was er sagte, war eine Auslegung von Psalm 139:

LEGTE ICH MICH IN DIE HÖLLE
SIEHE SO BIST DU AUCH DA

Die theologische Aufgabe ist, von diesem DU eindeutig zu reden. Die Psalmen tun das elementar mit den Namen, die sie Gott geben. In diesen Namen halten sie fest, daß Gott entgegen allen anderen Erfahrungen verläßlich der bleibt, der in der Angst tröstet, der auf der Seite des Lebens steht und dessen Gegenwart der Angst den Boden entzieht.

4.4
Angst und Vertrauen im Widerstreit

Die Angst findet in den Psalmen eine besonders starke Sprache. Sie spricht nicht abstrakt und allgemein, sondern elementar und konkret von der beklemmend erfahrenen Nähe des Todes. Wir erfahren diese Sprache als ganz authentischen Ausdruck und zugleich als eine Sprache von überindividueller Gültigkeit.

Bei dem Versuch, das Geheimnis dieser Sprache zu ergründen, greifen wir nach Begriffen, die selbst nur Metaphern sind. Wir sprechen von der »Bildersprache« der Psalmen; und Sätze wie diese:

GEWALTIGE STIERE HABEN MICH UMGEBEN
IHRE RACHEN SPERREN SIE GEGEN MICH AUF (22,13.14)

sind tatsächlich Bilder aus Angstträumen. Aber wir träumen nicht nur in Bildern, sondern auch im Medium der Sprache oder einfach in der Form sprachloser innerer Erfahrung. Davon sprechen solche Sätze:

ICH BIN AUSGESCHÜTTET WIE WASSER (22,15)
SIE LÄHMEN MIR HÄNDE UND FÜSSE (22,17)

Und ganz sicher ist dieser Satz nicht mehr als Bild zu bezeichnen:

ICH RUFE DU ANTWORTEST NICHT (22,3)

Doch gleichviel, wie wir die gemeinsame Stärke dieser Sätze benennen – die Namen des Vertrauens, die wir ihnen entgegensetzen, müssen von der gleichen Art sein, ebenso elementar; sie müssen in den Tiefen der Seele, wo die Angst zu Hause ist, ebenso unmittelbar verstanden werden wie die Sätze der Angst. Das heißt aber, daß wir ihnen auch Gelegenheit geben müssen, dort Resonanz zu finden; sie müssen in diesem Zusammenhang eingeführt und in ihm verankert werden; sie müssen in ihrem eigentlichen Charakter als Gegenworte, als Ant-Worten begriffen und festgehalten werden.

Um dieses grundlegenden Lernprozesses willen müssen wir hinter die uns überlieferte Form der Psalmen zurückgehen. Die Gestalt, in der sie uns in der Bibel begegnen, ist überaus komplex, das Ergebnis eines langen Wachstumsprozesses, ausgefeilt und immer neu aktualisiert und dadurch voll von Zitaten und Anspielungen. Viele ihrer Begriffe sind eingebunden in ein Netz von Zusammenhängen, das sie bei dem Leser und Beter voraussetzen, das wir aber überhaupt erst wieder entdecken und erschließen müssen.

Psalm 18 häuft am Anfang die Namen des Vertrauens: MEINE STÄRKE, MEINE BURG, MEIN ERRETTER, MEIN GOTT, MEIN HORT, MEIN SCHILD, BERG MEINER HILFE, MEIN SCHUTZ (18,3). Ähnlich beginnt Psalm 27: MEIN LICHT, MEIN HEIL, MEINES LEBENS KRAFT (27,1). Gleich am Anfang werden in beiden Psalmen Erfahrungen der Hilfe und Geborgenheit beschworen, aber mit Worten, die nur dann sprechend sind, wenn zugleich mit ihnen auch die überwundene Angst gegenwärtig ist. Von dem Leser und Beter des Psalms wird erwartet, daß er diese Worte so hört. Es sind so vielerlei Namen des Vertrauens notwendig, weil auch die Erfahrung der Angst vielerlei Gestalt hat.

Wir sind immer wieder davon ausgegangen, daß die Psalmen ihre eigene Didaktik haben. Die Didaktik eines solchen Psalmenanfanges liegt auf der Hand: Lesen wir ihn nicht als ein erbauliches Schwelgen in aufgeblasenen Worten, sondern – wie es den Psalmen zukommt – als präzise Sprache, die genau sagt, was sie meint, dann verlangen diese Namen des Vertrauens, daß wir sie mit den ihnen entsprechenden Bildern und Worten der Angst verbinden. Nur so werden wir sie für uns selbst erschließen; nur so können wir es auch im Unterricht tun.

Auf was für eine Angst antworten die Worte: MEINE STÄRKE – MEINES LEBENS KRAFT? Wir erkennen als Gegenbild die Angst dessen, den seine Kräfte verlassen, der ohnmächtig darniederliegt. Psalm 22 beschwört diese Erfahrung in immer neuen Bildern:

> ICH BIN AUSGESCHÜTTET WIE WASSER
> MEIN HERZ IST IN MEINEM LEIBE
> WIE ZERSCHMOLZENES WACHS
> MEINE KRÄFTE SIND VERTROCKNET
> SIE HABEN MIR HÄNDE UND FÜSSE GELÄHMT
> ICH KANN ALLE MEINE KNOCHEN ZÄHLEN
> SIE ABER SCHAUEN ZU UND SEHEN AUF MICH HERAB (22,15–18)

Es ist erstaunlich, wie die Vertrauensworte auf diesem Hintergrund plötzlich scharfe Konturen gewinnen, auch solche Worte, die wir anfangs als blaß empfanden wie etwa MEINE STÄRKE. Vielleicht läßt sich in diesem Kontext das Gemeinte noch genauer übersetzen oder doch mit anderen Worten umschreiben? Und welche Gestalt der Angst gehört zu dem Wort: MEIN FELS? Wir denken an das Versinken im tiefen Schlamm, an das Ausgleiten und Stürzen, an den verzweifelten Versuch, an brüchigem Gestein noch Halt zu finden. Aber möglicherweise steht in den Psalmen ein ganz anderes Bild dahinter: der Gejagte, der sich auf einen hohen Felsen rettet und dort seine Verfolger abwehren kann. Auch dieses Bild findet sich in Psalm 22. Unter den Vertrauensworten gibt es solche, die die Kinder von sich aus mit starken Emotionen füllen können, etwa: DU BIST MEINE BURG. Sie bauen sich ja selbst gern Burgen oder ähnlich unzugängliche Gehäuse und kosten die Schauer solcher Geborgenheit voll aus. Hier werden sie von sich aus in der Lage sein, die Gegenbilder der Angst genauer zu beschreiben, mit oder ohne Anleihen bei den Worten der Psalmen.

Mitunter können uns die Kinder auch selbst auf neue Spuren des Verstehens führen. Zu dem Wort MEIN LICHT assoziierten sie: Ich bin allein im dunklen Wald; gefangen in einem dunklen Keller; verlassen in einer dunklen Höhle; ich bin krank; ich bin blind; ich werde in der Nacht überfallen. In Psalm 118 steht das schöne Wort:

DER HERR IST MEIN PSALM (118,14)

Ich hatte übersetzt: MEIN LIED; und ich hatte an Krankheit und Traurigkeit als Hintergrund gedacht. Die Kinder nannten das auch, aber vor allem: Ich bin im Dunkeln eingeschlossen; ich bin im Dunkeln, wo man erschrickt: Mit dem Lied kann ich mir wieder Mut machen.

Es gibt noch andere Vertrauensnamen in den Psalmen, die auch gegen die Erfahrung der Verlassenheit zu setzen sind: MEIN FREUND (25,14), MEIN HELFER (40,18; 63,8; 70,6). Manchmal freilich erscheinen diese Namen zu schwach für das Ausmaß der Verzweiflung, das in der Klage zu Wort kommt:

DAS WASSER GEHT MIR BIS AN DIE SEELE (69,2)
ICH RUFE DU ANTWORTEST NICHT (22,3)

Doch erinnern wir uns, daß es in den Psalmen auch noch eine andere elementare Form von Gegenworten gegen die Angst gibt: einfache Sätze, Hauptsätze oder Relativsätze, die grammatisch nichts anderes sind als entfaltete Namen des Vertrauens (s.o. S. 63f). Sie sind noch stärker, weil sie mehr sagen können als ein bloßes Substantiv:

DEINE HAND HÄLT MICH FEST (63,9)
DU TRÖSTEST MICH IN DER ANGST (4,2)
DU BIST BEI MIR (23,4)

Wir tun den Psalmen keine Gewalt an, wenn wir Sätze, die in der 3. Person von Gott sprechen, in die direkte Anrede zurückverwandeln:

DU HÖRST MEIN WEINEN (6,9)

Dieser Satz erweist sich als die stärkste Antwort auf die von den Kindern vielfach beschworene Erfahrung des »Ich rufe – du antwortest nicht«; und

»Deine Hand hält mich fest« erschien ihnen als die einzig zureichende Antwort auf die Angst des Versinkens am Anfang von Psalm 69. Psalm 139,5 hatten sie umformuliert:

VON BEIDEN SEITEN UMGIBST DU MICH
UND HÄLTST DEINE HAND ÜBER MIR

Und als Gegenwort zu der schmerzhaft verletzenden Erfahrung von Häme und Spott bewährt sich dieses:

DU BIST MEINE EHRE
UND HÄLTST MEIN HAUPT EMPOR (3,4)

– ganz ungeachtet der barocken Sprache, die sich aber leicht übersetzen ließe: Du hältst mir den Kopf hoch.
Diese Worte rufen nun erst recht nach persönlicher Aneignung; und so werden wir auch sie in den Bestand unserer Psalmen-Wortkarten (s.o. 2.3) aufnehmen. Die Verschiedenartigkeit der Worte verleiht jetzt dem Vorgang einen viel größeren Reiz, wenn jedes Kind sich seine eigene Karte auswählt und kommentiert; und vor allem die unterschiedlichen Formen des Ordnens und Zuordnens gewinnen eine neue Dimension: Jetzt kommt es darauf an, für die Worte des Vertrauens tatsächlich den richtigen Ort zu finden, sozusagen Auge in Auge mit den Ängsten, auf die sie antworten. Besonders eindrücklich wird dieser Vorgang, wenn auch die Kinderzeichnungen mit einbezogen werden. Ein Mädchen rennt mit seinem Kopf gegen eine dunkle Wand; ein Junge sitzt in einem wirklich abgründig tiefen Brunnenloch; ein anderes Kind ängstet sich in seinem Bett. Wo finden wir ein Wort, das wir dem einen oder anderen in den Mund legen können?
Kinder können dabei schließlich entdecken, daß das Wort »Du bist bei mir« nur eine Inanspruchnahme der Verheißung ist, die in dem Namen Gottes gegeben wird: ICH BIN BEI EUCH. Und sie werden dann auch begreifen, daß dieser Name in alle Ängste hineinspricht und so alle anderen Namen des Vertrauens in sich schließt.

4.5 Theologische Logik

So sind die vielen Namen Gottes, die der Psalter kennt, die elementaren Gegenworte gegen die Angst. Erst auf dem dunklen Hintergrund der Klage beginnen sie wirklich zu leuchten. Damit scheint für die Arbeit des Verstehens die Reihenfolge der notwendigen Schritte eindeutig festgestellt: Das Verstehen der Vertrauensworte setzt das Verstehen der Klage voraus. Aber das ist nur die eine Seite des Zusammenhanges. Grammatisch beschreiben die Psalmen diesen Zusammenhang völlig anders:
Ohne Frage haben die Sätze der Klage als Sprache der Angst den Sinn eines

Hilferufes. »Ich versinke im tiefen Schlamm, wo kein Grund ist« ist kein konstatierender Aussagesatz; diesen Charakter hat er allenfalls in seiner grammatischen Oberflächenstruktur. Seiner Intention nach ist er ein verzweifelter Schrei nach Rettung. Diese Intention springt so deutlich ins Auge, daß es eigentlich als unangebracht erscheint, hier von »Tiefenstruktur« zu sprechen. Alle Worte der Angst in den Psalmen haben diesen appellierenden Charakter.

Der 69. Psalm macht dies auch in seiner Syntax sichtbar. »Ich versinke im tiefen Schlamm« ist dort syntaktisch eingebunden in einen Hilferuf. Der Psalm beginnt mit dem Anruf »Gott, hilf mir«, und die folgenden Sätze sind mit diesem Hilferuf durch das Wort »denn« (hebr.: ki) verbunden: Sie nennen den Grund für den dringlichen Appell.

GOTT HILF MIR
DENN DAS WASSER GEHT MIR BIS AN DIE SEELE

Es gibt viele Psalmen, in denen dieser Zusammenhang durch ein begründendes »denn« ausdrücklich hergestellt wird. In anderen wird er einfach vorausgesetzt, manchmal auch dadurch unterstrichen, daß (wie in Psalm 22,20ff) die Klage in dem Hilferuf gipfelt.

Bemerkenswert aber ist nun, daß die Psalmen den Ruf um Hilfe auch noch in einen anderen Begründungszusammenhang stellen, und zwar syntaktisch in der gleichen Weise:

In Psalm 57,5 wird die Angst mit den Worten beschworen: »Meine Seele liegt mitten unter Löwen; verzehrende Flammen sind die Menschen, ihre Zähne sind Spieße und Pfeile.« Der Psalm beginnt mit dem Hilferuf: »Sei mir gnädig, Gott, sei mir gnädig«, und dieser Hilferuf wird ausdrücklich begründet mit dem Vertrauenswort: »Denn auf dich traut meine Seele, und unter dem Schatten deiner Flügel habe ich Zuflucht.« In Psalm 61 stehen beide Begründungen nebeneinander:

HÖRE GOTT MEIN SCHREIEN...
DENN MEIN HERZ IST IN ANGST
FÜHRE MICH AUF EINEN HOHEN FELSEN
DENN DU BIST MEINE ZUVERSICHT
EIN STARKER TURM VOR MEINEN FEINDEN

In den folgenden Versen (5 und 6) kehrt die gleiche Struktur wieder: Noch einmal wird die Bitte durch ein Vertrauenswort begründet.

Hier macht die Syntax deutlich, was uns der Sache nach schon vorher hätte klar sein können: Der Hilferuf in den Psalmen hat seinen Grund nicht nur in der erfahrenen Angst; er würde gar nicht erst zur Sprache kommen, wenn außer der Angst nicht doch etwas anderes da wäre: die wie auch im-

mer angefochtene Hoffnung, mit diesem Hilferuf ein Ohr zu finden, einen Helfer, der das Gefängnis der Angst wieder öffnet.
In welchem Verhältnis stehen diese beiden verschiedenartigen Begründungen zueinander? Es ist nicht leicht, für ihren Unterschied auch treffende Begriffe zu finden. Es ist nicht gut möglich, von einem äußeren und einem inneren Grund zu sprechen, denn jedenfalls ist die Angst auch nicht nur ein äußerer Grund. Treffender wäre es schon, den Anlaß und den Grund zu unterscheiden; aber in der Regel werten wir den Anlaß als »äußeren Anlaß« von vornherein ab, und ebendas wird der Angst nicht gerecht. Wir können auch nicht gut sagen, daß die Vertrauensworte den »tieferen« Grund benennen, denn wo kommt größere Tiefe zur Sprache als in den Worten der Angst?
Deutlich ist jedenfalls, daß die Worte des Vertrauens nicht einfach aus den Worten der Angst hervorwachsen, wie es etwa das alte Sprichwort suggeriert: »Not lehrt beten«. Es ist nicht wahr, daß die Angst die Sprache der Hoffnung hervortreibt; Angst verschließt den Mund, und Hoffnung kann nur gegen die Angst ins Spiel gebracht werden. Das eben ist der Sinn der Vertrauensworte in den Psalmen: Sie erst öffnen überhaupt den Mund; sie sind die »Bedingung der Möglichkeit« der Klage, wie denn die Klage niemals die einfache Beschreibung der Angst, sondern immer schon der Anfang oder jedenfalls der Versuch des Widerstandes dagegen ist. Beides muß zusammenkommen, wo so gebetet wird wie in den Psalmen: die Bedrohung und der Widerstand dagegen. Aus diesen beiden Wurzeln wächst das Psalmengebet, aus dem Widerstreit dieser beiden Gründe lebt es.
Die Angst hat zunächst einmal die stärkeren Argumente: Sie ist emotional unmittelbar gegenwärtig. Die Worte des Vertrauens dagegen werden auf dem Weg der Erinnerung herbeigeholt; das ist ihre Schwäche. Aber sie erweisen sich am Ende als der Angst zumindest ebenbürtig. Sie vergegenwärtigen andere Erfahrungen; das macht zunächst den Kontrast zu der gegenwärtigen Verlorenheit um so schmerzlicher spürbar; aber sie berauben so die Angst ihres Anspruchs auf Alleinherrschaft.
Die Worte des Vertrauens sind dazu freilich nur in der Lage, wenn die Erfahrungen, die sie herbeirufen, der Angst standhalten können; sie müssen im Grunde stärker noch sein als die gegenwärtige Angst. Wie ist das möglich? Sie sind der Angst zweifellos unterlegen in der emotionalen Unmittelbarkeit; die Stunde der Angst ist eben nicht die Stunde der Geborgenheit. Sie können, was sie sagen, nur als Erinnerung und Verheißung vergegenwärtigen. Aber sie tun das mit dem Anspruch, daß diese Geborgenheit das Erste und das Letzte ist, das allem anderen Vorangehende und Folgende, das alles andere Umfassende. Die Vergewisserung greift deshalb zurück bis zu dem Augenblick der Geburt:

DU HAST MICH AUS MEINER MUTTER LEIBE GEZOGEN
DU BIST MEIN GOTT VON MEINER MUTTER SCHOSS AN (Ps 22,10f)

Und sie greift voraus bis an die Grenze des Lebens:

> WENN MIR GLEICH LEIB UND SEELE VERSCHMACHTET
> SO BIST DU DOCH GOTT ALLE ZEIT
> MEINES HERZENS TROST UND MEIN TEIL (Ps 73,26)

Dies sind ihre stärksten Worte.

Aus alledem wird nun aber deutlicher, wie sich die beiden Begründungen des Hilferufes, die Klage und die Worte des Vertrauens, in den Psalmen zueinander verhalten: Wohl gilt, daß sie sich gegenseitig interpretieren; die einen sind ohne die anderen nicht zu verstehen. Aber nach der Logik der Theologie sind sie einander nicht gleichgeordnet, sondern die Worte des Vertrauens haben das Prae: Ohne sie käme es gar nicht erst zur Klage. Denn die Klage beruft sich auf die Erfahrungen des Vertrauens; sie argumentiert mit ihnen; sie klagt sie ein. Wir haben oben die Frage gestellt, wie denn überhaupt mit Kindern von Gott so zu reden sei, daß Erfahrungen nicht verschüttet oder verschlossen, sondern gerade eröffnet werden. Ein solches Reden von Gott dürfte nicht die Form abstrakter, abgrenzender Lehre haben; deshalb haben wir mit dieser Frage nach den Psalmen gegriffen. Die Psalmen reden nicht über Gott, sondern von und mit Gott; so sind wir den elementaren Erfahrungen hier offensichtlich näher. Die dogmatisch ausgeformte, polemisch abgesicherte Lehre von Gott hat keine Evidenz mehr; die Worte der Psalmen dagegen ermöglichen eigene Erfahrung und können so Evidenz gewinnen.

Aber nun zeigt es sich, daß auch die Psalmen ihre eigene Logik haben. Sie lehren uns zu unterscheiden zwischen dem Gegenwärtigen und seinen Voraussetzungen; und diese Voraussetzungen gewinnen das ganze Gewicht des Fundamentalen. Die Worte der Angst sind elementar und deshalb unmittelbar zugänglich; aber daß sie so ausgesprochen werden können, verweist uns auf ihnen noch zugrunde liegende, allererste Gotteserfahrung. Läßt sie sich noch näher beschreiben?

Es ist eine Erfahrung, die ihre eigene Evidenz hat: Mein Leben ist mir gegeben; ich habe es mir nicht selbst verschafft. Ich habe dieses Geschenk des Lebens erfahren, lange ehe ich etwas in meine eigenen Hände nehmen konnte. Der aber, der mir dieses kostbare Leben gab, ist nicht anders zu denken denn als sein Anwalt, als Beschützer dieses Lebens. Ebendies ist das Grunddatum, die Voraussetzung für die Möglichkeit, die persönlich erfahrene Angst als Klage so zur Sprache zu bringen, wie es in den Psalmen geschieht. Das bedeutet, daß in der Arbeit des Verstehens die Worte der Klage denen des Vertrauens vorausgehen müssen, weil diese erst auf jenem Hintergrund verständlich werden. Zugleich aber muß deutlich werden, daß mit den Namen des Vertrauens eine Erfahrung der Verläßlichkeit und Güte beschworen wird, die der Angst vorausliegt.

Deutlich ist dann aber auch, daß solche Sätze, die aus dem Widerstreit von Angst und Vertrauen hervorgehen, das Prae haben gegenüber all jenen anderen theologischen Sätzen, die Gottes Wesen und Begriff abgrenzend zu definieren versuchen. Am Anfang des Redens von Gott steht eben nicht der Begriff eines allmächtigen, allwissenden und allgegenwärtigen höheren Wesens, sondern der Appell an den Anwalt des Lebens. Wer mit dem Reden von Gott bei der Allmacht beginnt, wird es schwerhaben, daneben noch die Güte Gottes festzuhalten. Aus der gegenwärtigen Weltsituation drängt sich ganz anderes auf: Ein Gott, der verantwortlich gemacht werden müßte für alles, was hier geschieht, kann nicht mehr als gütig erfahren werden.

Freilich: Auch die Psalmen lasten Gott die erfahrene Angst an. So wird ihre Klage zur Anklage: Du legst mich in des Todes Staub (Ps 22,16). Wird hier nicht auch Gott als der allein und in allem Wirksame gedacht, also auch als der Urheber der Angst? Aber die Klage steht im Psalm 22 vom ersten Satz an unter einem ganz eindeutigen Vorzeichen: Warum hast du mich verlassen? Die Erfahrung der Angst wird gerade nicht als Gottes eigenes Werk, sondern als die Erfahrung seiner Abwesenheit beschrieben. Es ist seine Abwesenheit, die es der Welt des Todes gestattet, ihre Macht auszubreiten. Weil er dies zuläßt, wird er angeklagt. Die Klage aber müßte von vornherein ersticken, wenn sie Gott selbst mit den Mächten des Todes identifizierte. Die Voraussetzung dieser Anklage ist gerade nicht die Vorstellung der Allmacht, sondern die Erfahrung der Macht des Schöpfers, das Leben vor dem andringenden Verderben zu bewahren (Ps 103,4). Daß er das vermag, daß er dies will und auch tun wird, dies und nichts anderes ist die Voraussetzung der Klage.

Die Klage der Psalmen hat deshalb für den Anfang des Redens von Gott solches Gewicht, weil sie die Identifizierung Gottes mit den erdrückenden lebensfeindlichen Mächten ausschließt. Sie stellt Gott mit Entschiedenheit auf die Seite des Lebens; sie spricht ihn an als den, der es sich selber schuldig ist, für das Leben einzutreten. Sie beruft sich auf die Macht dessen, der auf dieser kostbaren Erde Raum für das Leben geschaffen hat und der auch mir mein Leben gegeben hat, und sie baut darauf, daß er auch dafür einstehen wird. Das bedeutet allerdings auch, daß mit jeder Bedrohung meines Lebens auch er selbst, seine Treue und seine Macht, in Frage steht. Das ist die Anfechtung des biblischen Redens von Gott; aber die biblische Hoffnung ist nur als Kehrseite dieser Anfechtung zu haben. Anders bliebe sie eine abstrakte Hoffnung. Die Wundergeschichten des Neuen Testaments sprechen das gleiche aus: Jesus denkt gar nicht daran, das Leid der Kranken, die ihm begegnen, als ein von Gott gewolltes Leid auf sich beruhen zu lassen, sondern er nimmt den Kampf dagegen auf – in Gottes Namen.

Es gibt – davon war schon im vorigen Kapitel die Rede – eine Art des Redens von Gott, die ähnlich elementar ist wie diese im Widerspiel von Klage und Vertrauen: Die Sprache des Gebots, der Tora. Sie ist für den Juden das elementare Wort Gottes schlechthin. Beides ist in der Bibel untrennbar miteinander verbunden, nicht nur in der Form des Dekalogs, der allen Geboten die Verheißung voranstellt, auf die sich alle Worte des Vertrauens berufen: Ich bin *JHWH*, dein Gott. Auch der Sache nach bleibt beides ständig zusammen und wird auch in den Psalmen in diesem Zusammenhang vergegenwärtigt: Weil Gott in den Geboten als der Beschützer und Anwalt des bedrohten Lebens erscheint, deshalb kann sich der Elende in seiner Angst auf den Schutz dieses Gottes berufen und verlassen. Zu den Vertrauensworten der Psalmen gehört auch der Name dessen, »der Recht schafft denen, die Gewalt leiden« (Ps 146,7).

5
Gibt es einen anderen Weg zum Lob?

5.1
Es bleibt ein Defizit

Wir sind mit den Kindern einen Weg gegangen, der seine überzeugende Logik hatte. Er führte uns zu elementaren Sätzen des Lobes, zu vielen neuen Namen Gottes, Namen des Vertrauens, die aber, für sich genommen, zunächst noch wenig sagen, sondern erst auf dem dunklen Hintergrund der Angst zu leuchten beginnen. Für gewöhnlich lesen wir über sie hinweg, als spreche hier nur erbauliche Plerophorie; erst im Zusammenhang mit den Sätzen der Angst gewinnen sie ihre Kontur, ihre Eindeutigkeit, ihr emotionales Gewicht.

Damit haben wir an dieser Stelle so etwas wie ein didaktisch verbindliches Vorher und Nachher entdeckt. Die Reihenfolge der beschriebenen Schritte des Verstehens läßt sich nicht beliebig umkehren. Unser Weg ergab sich nicht aus dem Zwang, notwendiges Vorwissen bereitzustellen; die erforderlichen Voraussetzungen, die elementaren Worte des Lobes und des Vertrauens zu verstehen, waren emotionaler Art. Es war die Logik des Emotionalen, die unseren Weg bestimmte.

Gleichwohl stoßen wir auf diesem Weg auf sehr grundsätzliche theologische Fragen. Ist das Lob Gottes wirklich nur auf dem Weg durch die Angst zu finden? Machen wir damit die Angst zum Geburtshelfer des Lobes? Sind wir damit nicht wieder dem in der lutherischen Tradition mit so bedenklichen Folgen entwickelten Zwang des Weges vom Gesetz zum Evangelium gefolgt? Müßte nicht gerade im Umgang mit Kindern die Reihenfolge umgekehrt werden, so daß das Evangelium das erste Wort bleibt? Tatsächlich sind wir mit unseren didaktischen Überlegungen unversehens auf den Kampfplatz geraten, auf dem die theologisch-systematische Auseinandersetzung ausgetragen wird: »Gesetz und Evangelium« oder »Evangelium und Gesetz«? (vgl. Barth, Evangelium und Gesetz, a.a.O.). Aber wir hatten ja nun doch nicht die Angst der Kinder pädagogisch eingesetzt, um sie zum Glauben zu führen; wir hatten sie nicht als den »Rohstoff, aus dem der Glaube geformt wird« (Thielicke, Ethik, Bd. 1, a.a.O. 180) benutzt. Wir haben die Angst der Kinder nicht instrumentalisiert, um einen ganz anderen Zweck zu erreichen. In der Klage der Psalmen geht es um die Durchbrechung und Überwindung der Angst; und entsprechend sind wir auch im Unterricht verfahren. Daß die Kinder eine Sprache für ihre Angst fanden, war nicht ein untergeordnetes, sondern ein entscheidendes Ziel unserer Arbeit. So wie es Luther nicht um das Einreden eines eingebildeten Gesetzes geht (lex ficta et picta), sondern um die immer schon gegenwärtige Erfahrung des tötenden Gesetzes und die Fähigkeit, dieser mit biblischen Einsichten standzuhalten, so ging es auch uns vor allem um die Fähigkeit der Kinder, ihren schon immer gegenwärtigen Ängsten standzuhalten.

Nun weist aber doch die Klage der Psalmen über sich hinaus auf eine in der Regel unausgesprochene, zuweilen aber auch deutlich ausgesprochene Voraussetzung. Denn keiner der Sätze der Angst wäre je gesprochen worden, die Angst hätte gar nicht erst eine solche Sprache finden können, wenn nicht der Geängstete schon vorher von dem gewußt hätte, was die Worte des Vertrauens dann aussprechen. In dem Augenblick, da er sie ausspricht, sind sie dem Geängsteten weit voraus; trotzdem aber weiß er auch in der Tiefe seiner Angst noch, daß seine Klage einen Adressaten hat. Anders würde die Angst ihm den Mund verschließen; so aber läßt er sich nicht zum Schweigen bringen. Er appelliert an die Verheißung: »der du zugesagt hast, mir zu helfen« (Ps 71,3); »von Mutterleib an bist du mein Gott« (Ps 22,11). Implizit spricht jede Klage im Psalter diesen Appell aus; die Psalmen sprechen insofern eine andere Sprache als jenes alte »Herzberuhigungsgebet« aus dem Zweistromland:

> Möge sich der Gott, den ich nicht kenne, beruhigen!
> Möge sich die Göttin, die ich nicht kenne, beruhigen!
> . . .
> O Gott, wer du auch seist, wende dich zu mir, flehe ich.
> O Göttin, wer du auch seist, wende dich zu mir, flehe ich.«

Im Gegensatz hierzu kennt der Psalmist den Adressaten seiner Klage, und seine Berufung auf die vorausgegangene Verheißung gewinnt zuweilen eine solche Intensität, daß sie geradezu eingeklagt wird. So spricht alles dafür, daß die Klage, die Sprache der Angst, auch didaktisch nicht das erste Wort haben kann. Aber wo wird die ihr vorausgehende Zusage für uns und die Kinder greifbar? Mit dem theologischen salto mortale ins Kerygma, das eben »gesetzt« werden müsse, kommen wir hier didaktisch nicht weiter. Denn mit solcher kerygmatischen Setzung können wir uns als Unterrichtende ja nicht von der Frage nach der Aneignung durch die Kinder entbinden, und je massiver diese Setzung erfolgt, desto massiver werden auch die Mißverständnisse sein, die sich daran entzünden, jedenfalls desto schwerer korrigierbar werden sie sein. Gerade an dieser entscheidenden Stelle bleibt uns kein anderer Weg, als möglichst behutsam den Kindern Wege zu eigenem Entdecken an den biblischen Texten zu öffnen. Es ist ein Unterschied, ob sie selbst an den biblischen Texten wahrnehmen, welches Gewicht diese Voraussetzungen für die Menschen haben, die dort reden, oder ob ich als der Unterrichtende in einem Mißverständnis meiner Rolle als Zeuge die Unumstößlichkeit dieser Voraussetzung einfach behaupte. Das wäre nur

autoritär; auf dem Wege eigenen Entdeckens aber kommen sie der eigenen Autorität der Bibel auf die Spur.
In den Vertrauensworten, die die Klage aufnehmen, waren wir auf den Gottesnamen *JHWH* als den Kern allen Trostes gestoßen: Wie ein Hohlspiegel bündeln die Klagepsalmen all die Namen des Vertrauens in der einen Zusage, die der Leser der hebräischen Bibel in dem Gottesnamen wahrnimmt: Ich bin bei euch. Aber auch diese Zusage redet nachdrücklich und eindeutig erst als Antwort auf die erfahrene Angst; auf diesem Hintergrund spricht sie unmittelbar und bedarf keiner weiteren Erläuterung. Wir aber suchen nach jener Zusage, die der Angst vorausgeht, auf die sich der Geängstete berufen kann, weil er schon vorher Erfahrungen mit ihr gemacht hat: Von Mutterleib an bist du mein Gott! Sie zu erschließen muß auch didaktisch unser erster Schritt sein.
So kehren wir wieder zurück zu den Lobtexten im Psalter. In ihnen zuallererst muß sich doch diese Zusage mit den aus ihr erwachsenen Erfahrungen spiegeln. Wenn es aber stimmt, daß sie den Worten der Angst noch vorausliegt, muß sie uns dort in der gleichen Elementarität begegnen wie die ja erst auf dieser Basis formulierten Worte der Angst.

5.2 Hindernisse auf dem Weg

Bei unserem Versuch, Kindern einen anderen, direkteren Zugang zum biblischen Lob zu erschließen, treten uns freilich erhebliche Schwierigkeiten in den Weg.
Die erste Schwierigkeit liegt schon in dem Begriff »Loben«. Er ist in unserem Sprachgebrauch fast ausschließlich für pädagogische Zwecke beschlagnahmt. Eltern müssen sich durch einen Autoaufkleber fragen lassen: »Hast du heute schon dein Kind gelobt?« Sie sollen auf diese Weise daran erinnert werden, daß Kinder das Lob zur Ermutigung brauchen. So wird es denn auch in der Schule eingesetzt, um stärkere Leistungen von den schwächeren betont abzuheben. Schüler entwickeln gegen diese Form des Lobens mit Recht ein ausgeprägt kritisches Bewußtsein: Wer zuviel Lob einheimst, gerät in den Geruch, ein Streber zu sein oder zumindest die Solidarität der Abhängigen zu verletzen. Deshalb ist auch im Unterrichtsgespräch Zurückhaltung mit solchen lobenden Reaktionen geboten; sie können ein Unterrichtsgespräch lähmen oder gar zerstören. Wir können den Ärger der Kinder nachempfinden, wenn wir selbst einen Diskussionsleiter erleben, der alle Beiträge eines Forums in solcher Weise – lobend oder deutlich weniger lobend – zensiert.
Nun geht es in der Bibel ja gerade nicht um solch ein pädagogisches Loben von oben herab, sondern in umgekehrter Richtung, von unten nach oben. Das kann ein Denkanstoß sein, um ein so verschlissenes Wort neu zu begreifen. Wir können aber auch erleben, daß die Kinder ein für uns so belastetes Wort ganz frisch und neu in seinem ursprünglichen Sinn wiederent-

decken. Ein Zehnjähriger sagte: Loben – das ist doch wie lieben. Wenn man was liebt, dann lobt man das! – und hatte damit all meine umständlichen Bemühungen überholt.
Wichtig ist, daß wir uns nicht auf den Weg definitorischer Abgrenzung begeben. Verbrauchte Worte sollen sich neu füllen; dazu kann Wortfeldarbeit helfen, etwa ein Lückentext, in dem das Wort »loben« ausgespart ist; und nun suchen wir nach Worten, die in diese Lücke passen. Dabei geht es nicht darum, das »richtige« Wort möglichst rasch zu raten, sondern viele Worte zu sammeln, die sich gegenseitig Farbe verleihen, etwa zu diesem Vers:

ICH WILL DEN NAMEN GOTTES
- - MIT EINEM LIED (Ps 69,31)

Aber auch wenn es gelingt, das Wort »loben« neu zu erschließen, steht uns eine andere Assoziation im Wege, die nicht im pädagogischen, sondern im theologischen Raum beheimatet ist: die Identifizierung mit dem Vorgang des Dankens, die in den Gesangbüchern die Formel »Lob und Dank« zu einem Hendiadyoin (»eins durch zwei«) werden läßt. Das Gotteslob wird in dieser Verbindung als eine Dankes*schuld* verstanden, als ein pflichtgemäß abzustattender Dank. Claus Westermann hat auf den Unterschied hingewiesen, der zwischen diesem protestantisch-gesetzlichen Ethos des Dankens und dem biblischen Sinn des Lobens besteht:

» 1. Im Loben wird der Gelobte erhöht (magnificare), im Danken bleibt der Bedankte an seiner Stelle.
2. Im Loben bin ich ganz auf den gerichtet, den ich lobe; das bedeutet notwendig in diesem Augenblick ein Wegsehen von mir. Im Danken bedanke ich mich.
3. Zum Wesen des Lobens gehört die Freiheit, die Spontaneität; das Danken kann zu einer Verpflichtung werden.
4. Zum Loben gehört das Forum, es geschieht stets vor einem Kreis; das Danken kann unter vier Augen geschehen, es braucht außer dem Dankenden und dem Bedankten niemanden etwas anzugehen.
5. Es gehört zum Loben, daß es in Freude geschieht; das Danken kann den Charakter des Gebotenen bekommen. Das Loben kann nie, das Danken muß sehr oft geboten werden.
6. Das wichtigste sprachliche Unterscheidungsmerkmal: Das Danken geschieht im Sagen der Vokabel: ›ich danke dir!‹ oder abgekürzt ›Danke‹, das genuine, spontane Loben geschieht in einem Satz, in dem der Gelobte Subjekt ist: ›du hast getan‹ oder ›du bist . . .‹« (Westermann, Lob 22).

Den Hintergrund des biblischen Sprachgebrauches dagegen charakterisiert Westermann so:

»Im Alten Testament ist diese Differenzierung noch nicht vollzogen; es gibt noch kein Verb, das nur ›danken‹ bedeutet. Mit hôdāh, das gewöhnlich ›danken‹ übersetzt wird, ist im A.T. nicht ein einziges Mal ein Danken zwischen Menschen ausgesagt. Damit ist von vornherein klar, daß dieses hôdāh nicht den Klang unseres ›danken‹ haben kann, das sich in gleicher Weise auf Gott wie auf Menschen richten kann. – Da, wo im A.T. am eindeutigsten unser ›danken‹ zu finden ist, das zwischen Menschen geschieht, steht bērēk, das aber hier nicht primär den Sinn ›preisen‹, sondern ›segnen‹ hat.

Mit diesem Tatbestand ist es deutlich, daß es unseren verselbständigten Begriff des Dankens im A.T. noch nicht gibt. Das Danken, wo es auf Gott geht, ist noch vom Loben umfangen, es ist eine Weise des Lobens« (ebd. 20).

Solche Überlegungen können auf einer späteren Stufe, wenn eine selbstkritische Reflexion des eigenen Sprachgebrauchs möglich wird, sicher fruchtbar in den Unterricht einbezogen werden. Für die erste Erschließung aber müssen wir einen anderen Weg gehen: Wir brauchen ein Wort, das im Sprachgebrauch der Kinder beheimatet ist, emotional nicht negativ besetzt ist und dem biblischen Sinn des Lobens möglichst nahekommt. So scheiden auch »rühmen« und »preisen« von vornherein aus; wir werden darauf achten müssen, welche anderen Verben uns in diesem Zusammenhang begegnen.
Eine dritte Schwierigkeit, die uns bei dieser Suche in den Weg tritt, läßt sich grammatisch beschreiben: Wo in den Psalmen ausdrücklich vom Loben die Rede ist, geschieht dies überwiegend in imperativischer Form. Die beiden hebräischen Hauptverben hierfür, *hll* pi. und *jdh* hi., »haben fast ausschließlich die Funktion, das Leben in Bewegung zu bringen, kommen daher meist in Rufformen vor« (Westermann, Art. *jdh* 676).
Aufforderungen und Selbstaufforderungen zum Lob finden sich in den Psalmen in Fülle. Aber für den Unterricht hilft uns das zunächst noch wenig. Wie sollen die Kinder an der Aufforderung lernen, was »loben« heißt? Gewiß, sie sollen am Ende eine eigene Sprache des Lobes finden können. Aber zunächst einmal müßten wir in den Psalmen mehr als nur die Aufforderung entdecken können: Die Aufforderung ist ja noch nicht das Lob selbst. Wie wird die Aufforderung eingelöst? Wie heißen solche einfachen Sätze des Lobes?

»Das Loben geschieht in Worten. Es kann auf eine zweifache Weise geschehen: Ein Lehrer, der seinen Schüler loben will, kann zu ihm sagen: ›Ich lobe dich!‹ Wir spüren aber sofort, daß dies nicht die eigentliche Weise des Lobens ist. Es klingt hölzern, steif, schulmeisterhaft. Der Lehrer kann aber auch sagen: ›Das hast du gut gemacht!‹; dies ist die eigentliche Weise des Lobens (die natürlich eine Fülle von Formmöglichkeiten hat); in eben diesem Satz geschieht dann das Loben.
Diese eigentliche Weise des Lobens: in Worten bzw. Sätzen, die die Vokabel des Lobens gar nicht enthalten, ist auch in den Psalmen da; wir stehen damit vor der Frage: Welches sind diese Worte bzw. Sätze in den Psalmen, in denen Gott gelobt wird; was sagen sie uns über das Loben Gottes in den Psalmen?« (Westermann, Lob 11)

Auch der Satz »Das hast du gut gemacht!« erscheint uns noch immer schulmeisterhaft; jedenfalls wird deutlich, in welcher Richtung wir suchen müssen. Wir suchen die einfachen Hauptsätze des Lobes, und zwar nicht des Lobes im Angesicht der überstandenen Angst, der »gewendeten Klage«, sondern des ursprünglichen Lobes. In diesem Sinne suchen wir nach der Ausführung des Vorsatzes: Ich will dich loben. Finden wir in den Psalmen auch Sätze eines solchen Lobes, die sich Kinder aneigenen können?

5.3
Auf der Suche nach den einfachen Hauptsätzen des Lobes

Wir machen uns also abermals auf die Suche in den Psalmen. Was wir suchen, läßt sich jetzt genauer eingrenzen: Wir suchen nach einfachen Sätzen des Lobes, die nicht die Freude der überwundenen Angst aussprechen, der Errettung und Genesung, nicht die Freude am wiedergewonnenen Leben, sondern am Leben überhaupt. Wir suchen nach dem umfassenden Lob des Lebens.
Daß wir so fragen müssen, liegt in der Konsequenz des bisherigen Weges. Denn daß das wiedergewonnene, wiederhergestellte Leben zum Anlaß so überschäumender Freude wird, setzt ja voraus, daß nicht erst im finsteren Tal der Angst, sondern schon vorher die Kostbarkeit des Lebens erfahren und begriffen wurde. Die Gefährdung kann das Bewußtsein für diese Kostbarkeit schärfen; erzeugen kann sie es nicht. Und so wird es, wenn auch Anlaß und Gegenstand des Lobes gleichbleiben – die unendliche Kostbarkeit des Lebens –, doch deutliche Unterschiede der Form geben, je nachdem, ob einer aus der überwundenen Angst oder aber ob er aus unbefangener Freude spricht.

Die Unterscheidung dieser beiden Formen des Lobes ist seit dem Beginn der formgeschichtlichen Arbeit an den Psalmen ein Thema mit immer neuen Variationen. Hermann Gunkel unterschied von dem *Danklied* des Erretteten den umfassenden Lobpreis im *Hymnus*. Claus Westermann war diese Gattungsbestimmung nicht eindeutig genug; er setzte an ihre Stelle die Unterscheidung zwischen dem *berichtenden* Lob des Erretteten und dem *beschreibenden* Lob, das die Größe des Schöpfers rühmt (Lob 25). Aber auch diese Unterscheidung kommt rasch an ihre Grenzen.
Der Satz etwa: »Von Mutterleib an bist du mein Gott!« umfaßt Vergangenheit, Gegenwart und Zukunft. Er besagt: Du bist es gewesen und bleibst es doch noch. Die Namen des Vertrauens, mit denen der Geängstete seine Angst durchbricht und der Gerettete seinen Retter preist, sind grammatisch eindeutig in beschreibende (Du bist . . .) und nicht in berichtende Sätze eingebunden; aber sie könnten nur in einem berichtenden, nicht in einem beschreibenden Lob entfaltet werden. Andererseits greift das Lob des Schöpfers, das die Augen für die Gegenwart seiner bewahrenden Güte in der Schöpfung öffnen will, immer wieder auf »berichtende« Sätze zurück, die den Vorgang der Schöpfung erzählen, mitunter als einen dramatischen Kampf Gottes gegen das Chaos (Ps 74,13ff; 89,10f).

Der Unterschied, auf den wir hier stoßen, läßt sich nur schwer exakt benennen. Wir können nicht rundweg sagen, daß wir jetzt nach solchen Sätzen des Lobes suchen, die ohne den dunklen Hintergrund der Angst gesprochen wären. Denn dieses Lob abseits von aller Angst und Bedrohung gibt es nur in unseren Wunschträumen, nicht aber in der Bibel. Das Lob geschieht nie anders als »im Angesicht meiner Feinde« (Ps 23,5). Auch Mozarts Musik, für Karl Barth vollkommener Lobpreis der »in ihrer Totalität guten Schöpfung«, läßt sich nur so begreifen: als »das Licht, das darum so strahlt, weil es aus dem Schatten hervorbricht, die Süßigkeit, die auch herbe ist und darum keinen Überdruß nach sich zieht, das Leben, das das Sterben nicht fürchtet, aber sehr wohl kennt« (KD III/3 337f). Und trotzdem bleibt es ein existentieller und also auch ein theologischer, didaktischer und formaler Unterschied, ob das Lob aus der aktuellen (sei es auch aus der aktuell überwundenen) Bedrohung heraus laut wird oder aus einer ursprünglichen Freude, die gleichwohl das Bewußtsein latenter Bedrohung ständig bei sich hat.

Die Hauptsätze des Lobes, die wir suchen, sollen Schlüsselsätze im didaktischen Sinne sein. Sie sollen der wechselseitigen Erschließung dienen: Sie sollen mein Leben für die Wirklichkeit des biblischen Gotteslobes und andererseits die biblischen Sätze des Lobes für meine Erfahrungen erschließen. Solche Sätze aber lassen sich nicht nach grammatischen Kriterien an der Oberflächenstruktur der Texte dingfest machen, sondern wir werden sie erst dort entdecken, wo ein Dialog mit unseren eigenen Erfahrungen in Gang gekommen ist. So ist bei solchen Entdeckungen notwendigerweise zunächst einmal die Subjektivität stark im Spiel.

Mir scheint ein Halbvers aus Psalm 103 vor allen anderen ein solches Schlüsselwort zu sein. Der Psalm fordert auf zum Lob des Herrn,

DER DEIN LEBEN VOM VERDERBEN ERLÖST

Wieder ist die deutsche Sprache viel umständlicher als die hebräische. Der hebräische Text bietet eine Partizipialkonstruktion, die bei näherem Zusehen nichts anderes ist als ein erweiterter Gottesname. Gott heißt hier der Erlösende, und was er loskauft, ist mein Leben: aus dem Verderben, das im hebräischen Text drastisch als die Grube beschrieben wird.

Das Partizip ist zeitlos. Meint der Satz Vergangenes oder Zukünftiges? Das Stichwort »erlösen« läßt uns ihn als einen eschatologischen Satz hören, auf das Ende meines Lebens oder das Ende aller Dinge bezogen. Aber der Psalm ist kein eschatologischer Psalm, wie die Vertrauensworte in den Klagepsalmen beschwört er Erinnerungen, knüpft an Erfahrenes an und schreibt diese Erfahrungen in die Zukunft fort. Folge ich dieser Spur, so entdecke ich in diesem Satz tatsächlich tägliche Erfahrungen: Dieses Wort beschreibt das Wunder eines jeden neuen Morgens in einer so bedrohten Welt, das Erstaunliche, daß ich im Licht des neuen Tages von neuem beginnen kann, mit Menschen spreche, das Erwachen des Lebens in der Stadt wahrnehme, die Freude der Tiere sehe; und ich begreife dabei sehr wohl, daß dies alles keineswegs mehr selbstverständlich ist.

Womöglich noch deutlicher redet dieser Satz, wenn ich an den Anfang meines Lebens zurückgehe. Denn auch dies ist ja schon gar nicht selbstverständlich, daß ich das Licht der Welt wirklich erblickt habe, daß der gefahrvolle Weg zwischen Zeugung und Geburt nicht anders endete. ›Der mein Leben vom Verderben erlöst‹ hat mich offenbar begleitet, lange ehe ich ihn wahrnehmen konnte. Was die Bibel als das Wunder der Schöpfung beschreibt, daß das Leben Raum findet, sich inmitten des ständig drohenden Chaos zu entfalten, hat sich auch in meinem Leben ereignet. Und so umgreift dieser Psalmvers mit dem Anfang der Welt und meines Lebens und dem Anfang jedes neuen Tages am Ende auch den Abend meines Lebens und der Welt. Das ist sein Horizont, doch worauf er eigentlich zielt, ist die Gegenwart, der heutige Tag. Wie mein Leben vom Verderben erlöst wird, kann ich jeden Tag von neuem verifizieren, sooft ich der schweren Träume Herr werde.

Dies ist ein Satz des Lobes, der den dunklen Hintergrund der Angst nicht verdrängt, sondern gerade gegenwärtig hält. Die tiefe, düstere »Grube« (das Wort kehrt in vielen Psalmen wieder) verfolgt mein Leben in vielen Gestalten. Der Psalm spricht vom »Loskaufen«; offenbar macht die Grube Ansprüche geltend; sie entfaltet einen Sog, der mich und alles Leben verschlingen will. Davon losgekauft zu sein durch die nicht ermüdende Güte Gottes, die alle Morgen neu ist: das ist für mich ein Grund, immer neu die Kostbarkeit dieses Lebens zu begreifen. Aber kann dieser Satz auch für Kinder zu einem Schlüsselsatz werden? Oder werden sie andere Schlüsselsätze finden müssen?

5.4
. . . daß ich wunderbar gemacht bin

Die Psalmen öffnen uns die Augen dafür, daß das Lob Gottes nicht einzugrenzen ist auf die ausdrücklich so formulierten und adressierten Worte, schon gar nicht auf die pflichtschuldig erstattete Dankbarkeit; alles, was Odem hat, die gesamte Kreatur, auch die unbelebte Natur, die Berge und das Meer, ja auch der Himmel, Sonne, Mond und die Sterne, loben Gott, wenn auch in unterschiedlicher Sprache. Es mag eine Metapher sein, wenn der 19. Psalm von der lautlosen Stille der Tage und der Nächte und des Himmels spricht, die von der Herrlichkeit Gottes erzählt; aber der Gesang eines Vogels am Morgen ist auch ohne Metapher als Lob Gottes zu verstehen. Das Lob Gottes ist die Sprache, die von der Kostbarkeit und Schönheit des Lebens spricht, die Sprache der Freude an diesem kostbaren Leben. Sie ist Lob Gottes auch dort, wo sie sich dessen gar nicht bewußt ist. Wenn ich Kinder sehe, dann sehe ich viel von solcher unbewußten Sprache des Lobes. Die Freude am Leben ist ihnen wirklich noch auf den Leib geschrieben. Aber wo finden wir den Punkt, an dem diese Freude ins Bewußtsein treten und eine Sprache finden kann? Die Psalmen sollen uns dazu helfen. Geschieht dies nicht, wird die Freude im Widerstreit mit der wachsenden Macht der Angst am Ende wehrlos sein.

Der 139. Psalm spricht von einer Erkenntnis der Seele (V. 14). Nehmen wir diese Formulierung »das erkennt meine Seele« beim Wort, so bezeichnet sie genau den Punkt, an dem Emotionales bewußt wird und das Bewußtsein in die Tiefen der Seele zurückwirkt. Die Erkenntnis, die sich an diesem entscheidenden Punkt vollzieht, ist dort ausformuliert; sie lautet in der ursprünglichen Übersetzung Luthers:

> ICH DANKE DIR DARÜBER
> DASS ICH WUNDERBARLICH GEMACHT BIN

Der revidierte Luthertext sagt etwas einfacher: Ich danke dir dafür, daß ich wunderbar gemacht bin.
Dieser Satz spricht zunächst einfach von dem Erstaunen über die eigene Lebendigkeit; wieder wird das Selbstverständliche seiner Selbstverständlichkeit entkleidet und so auf einmal als Anlaß zum Lob begriffen. So etwas kann in der erstaunlichen Erfahrung beim Aufwachen geschehen, daß ich meine Augen aufmachen, den Kopf heben und das Licht des Morgens sehen und die Stimmen der Vögel hören kann, daß ich aufstehen und mit meinen eigenen Füßen gehen kann, zu anderen Menschen, die ich grüßen und mit denen ich reden kann. In alledem geht es ja nicht nur um die auch schon erstaunliche Erfahrung der intakten Funktionen meines Körpers, sondern – so sagt es Luther im Kleinen Katechismus in der Erklärung zum Ersten Artikel – um »Leib *und Seele*, Augen, Ohren und alle Glieder, Vernunft und alle Sinne«, um die Fähigkeiten des klaren Verstandes ebenso wie um die Tiefen der Empfindung.

Schlagen wir in der hebräischen Bibel nach, so haben wir zunächst freilich den Eindruck, es handele sich um einen anderen Text. Martin Buber übersetzt in möglichst strenger Anlehnung an das Original: »daß ich furchtbar bin ausgesondert«. Wie kommt diese Divergenz der Übersetzungen zustande?
Im hebräischen Text handelt es sich um zwei Verbformen: zunächst um ein Perfekt der 1. Person im Passiv. Das Verb, das zugrunde liegt, beschreibt das Geschehen von etwas Außerordentlichem, Ungewöhnlichem, Wunderbarem: Ich bin zu etwas Besonderem gemacht worden. Martin Buber unterstreicht aber mehr das Besondere, Luther das Wunderbare; und damit trifft Luther durchaus den Sinn dieser Verbform: Ich bin wunderbar gemacht worden.
Auch am Anfang des Satzes bleibt Luther selbst (anders als der revidierte Text) ganz genau bei dem hebräischen Sinn der hebräischen Partikeln: »darüber, daß«. Dazwischen aber steht das Wort, das Buber mit »furchtbar« übersetzt und das bei Luther ganz fortzufallen scheint. Das Verb, aus dem das Partizip gebildet ist, heißt tatsächlich »fürchten«, aber in einem Bedeutungsspielraum, der auch Ehrfurcht (3. Mose 19,3 vor den Eltern) und die Furcht Gottes (Ps 111,10 als Anfang aller Weisheit) einschließt. Das Partizip bedeutet dann nicht nur »furchtbar«, sondern – unsere Sprache ist nicht zufällig arm an wirklich entsprechenden Worten – auch soviel wie ehrfurchtgebietend.

Daß das Ehrfurchtgebietende hier nicht an Gott, sondern an der Geschöpflichkeit des eigenen Lebens erfahren wird, ist offenbar der Kern dieses Satzes. Aber wie läßt sich das in eine einfachere Sprache fassen? In der großen Rede des Häuptlings Seattle vor dem amerikanischen Präsidenten beschreibt er das Erschrecken des roten Mannes in der Begegnung mit dem weißen Mann, der zu dieser Erfahrung offenbar nicht mehr fähig ist, dem nichts mehr heilig ist. Die ganz andere Lebenshaltung seines Volkes beschreibt er mit den bekannten Worten:

> »Jeder Teil dieser Erde ist meinem Volk heilig,
> jede glitzernde Tannennadel, jeder sandige Strand,
> jeder Nebel in den dunklen Wäldern, jede Lichtung,
> jedes summende Insekt ist heilig in den Gedanken
> und Erfahrungen meines Volkes.«

Es ist merkwürdig, wie biblische Worte, die ganz aus unserem Sprachgebrauch herausgefallen zu sein scheinen, plötzlich wiederkehren, wie nahe ihrem ursprünglichen Sinn und mit wie starker emotionaler Besetzung. Für die Kinder freilich wird das Wort »heilig« einstweilen noch ein Fremdwort oder zumindest sehr mißverständlich bleiben. Aber zu fragen ist, ob nicht tatsächlich in Luthers Übersetzung all die Erfahrungen, auf die wir mit Hilfe des hebräischen Textes gestoßen sind, schon beschlossen sind, wenn wir nur das Wort »wunderbar« nicht so platt nehmen, wie es im alltäglichen Sprachgebrauch leichthin gesagt wird, sondern in seinem eigentlichen und so auch von Luther gemeinten Sinn. Luther erweist sich an dieser Stelle, gerade auch wenn man sich der Verfremdung durch den hebräischen Wortlaut gestellt hat, wieder einmal als der große Meister elementarer Übersetzung.
Ein Schönheitsfehler bleibt in seiner Übersetzung. Der Auftakt zu diesem großartigen Satz des Lobes heißt: »Ich danke dir«, und uns kommt die berechtigte Kritik von Westermann an dem so freudlos gewordenen Umgang mit dem pflichtschuldig ausgesprochenen Dank in Erinnerung, der von der Fülle der Freude, die das hebräische Wort ausspricht, kaum noch etwas erkennen läßt. Wir kommen damit auf die oben (Kap. 5.2) gestellte Frage zurück. Wie finden wir ein Wort, mit dem wir den biblischen Vorgang des Lobens für Kinder eindeutiger zur Sprache bringen können?

5.5 Das Lob: Die Sprache der Freude

Es geht hier nicht nur um eine Frage des Übersetzens. In der Wortwahl fallen vielmehr theologische und pädagogische grundlegende Entscheidungen. Theologisch kommen wir aus einer Tradition, in der das Lob Gottes in scharfem Gegensatz gesehen wurde zu allen anderen Äußerungen der Freude, die nicht ausdrücklich Gott die Ehre geben. Darum sollte es gehen: auszusprechen, daß wir das Gute, über das wir uns freuen, allein Gott verdanken und keiner weltlichen Instanz.
Es scheint mir eben dieses Verständnis des Lobes zu sein, das uns so schwer geschädigt hat, daß wir das wirkliche Loben darüber fast gänzlich verlernt haben. Denn das Lob wird hier zu einem kämpferischen Akt der Selbstdisziplinierung: Die eigentliche Spitze des so verstandenen Gotteslobes ist die Absage an alle weltliche Freude.
Es ist nicht zu bestreiten, daß es Situationen gibt, in der dies die einzige noch verbleibende Möglichkeit des Lobens ist. Aber diese Reduktion von vornherein vorzunehmen heißt, sich und anderen wesentliche Möglichkeiten der Gotteserfahrung zu verschließen. Dietrich Bonhoeffer hat, selbst schon am Rande dieser Situation, sich mit Nachdruck gegen diese Reduktion gewehrt:

»Und was nun schließlich die christliche Seite der Sache betrifft, so sagt der Vers: ›. . . daß nicht vergessen werde, / was man so gern vergißt, / daß diese arme Erde / nicht unsere Heimat ist‹ wohl etwas Wesentliches, aber doch nur etwas Allerletztes. Ich glaube, wir sollen Gott in unserem Leben und in dem, was er uns an Gutem gibt, so lieben und solches Vertrauen zu ihm fassen, daß wir, wenn die Zeit kommt und da ist – aber wirklich erst dann! – auch mit Liebe, Vertrauen und Freude zu ihm gehen. Aber – um es deutlicher zu sagen – daß ein Mensch in den Armen seiner Frau sich nach dem Jenseits sehnen soll, das ist milde gesagt eine Geschmacklosigkeit und jedenfalls nicht Gottes Wille. Man soll Gott in dem finden und lieben, was er uns gerade gibt; wenn es Gott gefällt, uns ein überwältigendes irdisches Glück genießen zu lassen, dann soll man nicht frömmer sein als Gott und dieses Glück durch übermütige Gedanken und Herausforderungen und durch eine wildgewordene religiöse Phantasie, die an dem, was Gott gibt, nie genug haben kann, dieses Glück wurmstichig werden lassen. Gott wird es dem, der ihn in seinem irdischen Glück findet und ihm dankt, schon nicht an Stunden fehlen lassen, in denen er daran erinnert wird, daß alles Irdische nur etwas Vorläufiges ist . . .« (Widerstand und Ergebung, Neuausgabe 189f)

Bonhoeffer entwirft eine Didaktik des Lobens, die ganz andere Wege geht als die uns überkommene: Nicht in der Abkehr von der Freude am Leben, sondern gerade indem wir sie wahrnehmen und in ihr Gott lieben lernen, lernen wir das Lob, das auch an der Grenze des Lebens nicht verstummt. Nur so werden auch Kinder das Loben lernen können. Wir können sie nicht besser auf die Grenzerfahrungen des Lebens vorbereiten als so, daß wir sie zunächst für die Schönheit und Kostbarkeit des Lebens sensibilisieren. Das erste Wort des Lobes ist das der Freude am Leben und nicht das der Abkehr von dieser Freude.

Gerade das ist an den Psalmen zu lernen. Schon das Wortfeld des Lobens führt uns nachdrücklich vor Augen, was hier eigentlich geschieht: die dazugehörigen hebräischen Verben sprechen vom Singen und Spielen, vom Jauchzen und Jubeln, vom Lachen und von der Freude. Dies alles gehört konstitutiv zum Loben hinzu. Das andere gehört freilich auch dazu: danken und bekennen, erzählen und verkünden, Gott rühmen und preisen, erheben und großmachen. Was es im biblischen Sinne heißt, Gott zu loben, ist offenbar nur im Zusammenspiel dieser beiden Bedeutungsstränge zu erfassen. Der eine nennt ursprüngliche Äußerungen vitaler Freude; der andere stellt sie in den Zusammenhang der Intention, daß dadurch Gott geehrt, erhoben und großgemacht wird. Es könnte vielerlei Weisen geben, in denen Gott seine Größe erweist; im Lob der Psalmen aber ist es gerade die überschäumende Freude im Singen und Spielen, im Jubel und im Tanz, in der sich die Erfahrung der Größe Gottes äußert.

Und die Psalmen gehen noch einen Schritt weiter. Nicht nur die Menschen loben Gott mit ihren Worten, auch die Vögel mit ihrem Gesang und die Bäume mit ihrem Wuchs, ja Feuer, Hagel, Schnee und Dampf, Sturmwinde und die große Tiefe, die Berge und der Himmel, Tag und Nacht – sie alle loben Gott »ohne Sprache und ohne Worte« (Ps 19,4). Und wenn schon die kreatürliche Freude des Tieres Gott lobt, ja die Schönheit eines Baumes und der Glanz der Berge und des Himmels, dann kann es nicht unerlaubt sein, auch die einfache Freude eines Kindes, das Erstaunen eines Menschen über die Schönheit und Kostbarkeit des Lebens als Lob Gottes zu vernehmen. Doch braucht der Mensch anders als Bäume und Berge eine Sprache für seine Freude; ohne Sprache fände er mit seiner Freude keinen Boden unter den Füßen: sie bliebe flüchtig wie ein Traum. Nur muß es nicht die Sprache der Dankbarkeit sein, wie denn ja auch der, der so mit vollen Händen gibt, nicht eigentlich Dankbarkeit hervorrufen will, sondern Freude. Der Geber, der auf Dankbarkeit zielt, ist eigentlich eine Karikatur; im Grunde meint er gar nicht den anderen, sondern nur sich selbst; und was gibt uns das Recht, so klein von Gott zu denken!

Mit dieser theologischen Entscheidung verbindet sich eine pädagogische: Wir lassen die Pflicht zur Dankbarkeit zurücktreten hinter die erste grundlegende Aufgabe, die Kinder erst einmal zu der Wahrnehmung anzuleiten, wie schön und kostbar das Leben ist; sie für diese Wahrnehmung in möglichst vielen Facetten zu sensibilisieren, denn nur die daraus erwachsene Freude vermag, wenn sie als Lob auch sprachliche Gestalt gewinnt, in Zeiten der Depression standzuhalten. Und tatsächlich sehen wir ja doch die Generationen unserer Schüler unvorstellbaren Belastungen entgegengehen.

Zu beachten sind aber auch die theologisch-systematischen (d.h. dogmatischen) Zusammenhänge, in denen wir uns mit unserer Grundentscheidung befinden. Das christliche Bekenntnis zum Dreieinigen Gott will eben dies sichern, daß die Erfahrung der Freude am geschöpflichen Leben nicht einem anderen Grund zugeschrieben wird als dem, der in Jesus Christus das Wort der großen Einladung, Vergebung und Versöhnung spricht. Im Lichte des Bekenntnisses zum Dreieinigen Gott ist uns weder die Abkehr von der Welt erlaubt, als sei diese ein Blendwerk des Teufels und nicht Gottes gute Schöpfung, noch aber ein Lebensstil, der den Umgang mit dieser Welt dem Wort der Versöhnung und Erneuerung entzieht, als gebe es für dieses Leben nur das Gesetz des rabiaten Kampfes ums Dasein mit allen Mitteln, bis zum Äußersten. Das Alte Testament hat es einfacher, die Identität des Schöpfers mit dem Gott des Exodus und des Zion zu wahren: Der gleiche Name, mit dem die Psalmen hier den Gott der Befreiung Israels, dort den Schöpfer ansprechen, läßt keinen Zweifel an seiner Identität zu. Die christliche Theologie mußte für die Zerreißproben, denen sie in der abendländischen Geistesgeschichte entgegenging, mit der Trinitätslehre eine kompliziertere Absicherung aufbieten; die Intention aber ist, trotz allen rechthaberischen Streites zwischen Christentum und Judentum, die gleiche.

Es bleibt die Frage, ob denn wirklich alle Freude am Leben als Lob Gottes genommen werden darf, ob es hier nicht doch illegitime, den Schöpfer nicht lobende, sondern ihn ins Gesicht schlagende Formen der Freude gibt. Das ist sowenig zu bestreiten, wie es schwierig ist, die Grenze durch Worte eindeutig zu markieren. Sie ist sicher nicht identisch mit den Grenzen, die die Moral bestimmter Gesellschaftsschichten oder politischer Systeme hier zieht. Aber die Erfahrung der ökologischen Grenze, an der die Menschheit zu scheitern droht, läßt uns begreifen, daß es hier tatsächlich Grenzen gibt, die zu überschreiten niemandem mehr erlaubt sein kann. Es ist uns nicht mehr erlaubt, die Freude an der Geschwindigkeit im vollen

Aufdrehen des Motors, die Georges Bernanos in dem Tagebuch eines Landpfarrers beschrieben hat, noch auszukosten. Die neue Sensibilität gegenüber dem Eigenrecht des Lebens um uns läßt uns jetzt bestimmte Handlungen, etwa die Käfighaltung von Hühnern oder die sinnlose Rodung von Tausenden von Bäumen, auch emotional als unerträglich erscheinen. Aber um eine genaue Definition dieser Grenze sind wir einstweilen noch verlegen, und die theologische Tradition hat uns hier auch nicht gerade reich mit Rüstzeug ausgestattet. Es gibt aber auch einen Aspekt in dem komplexen Geschehen des Lobes, der uns hilft, die Grenze deutlicher zu erkennen. Der tragende Grund des Lobes ist mit dem Wort Freude noch nicht erschöpfend beschrieben. Gerade in den starken Psalmen 103 und 104 wird das Lob Gottes mit dem Wort »segnen« beschrieben. Wir nehmen diesen Vorgang des Segnens in der Bibel sonst immer in der anderen Richtung wahr: Gott segnet den Menschen. In diesen Psalmen aber ist es der Mensch, genauer gesagt: die Seele, die Gott segnet. Segnen kann hier aber nichts anderes heißen als die volle Zuwendung der Liebe. Daß hier die Seele das Subjekt des Segnens ist, zeigt, wie auch die emotionale Seite der Liebe in das Lob eingeht. Das gleiche Wort kehrt in dem täglich gesprochenen jüdischen Tischsegen wieder: Auch hier ist es der Mensch, der Gott segnet, »der du das Brot aus der Erde hervorgehen läßt«. Es war offenbar diese im Lob ausgesprochene Liebe zu Gott, die im Judentum das Lob Gottes auch auf den dunkelsten Wegstrecken seiner Geschichte nicht verstummen ließ, so wie Rabbi Josel Rakower noch im brennenden Warschauer Ghetto sagt:

> »Herr, in den Bitternissen meiner Seele
> kann ich nicht das Böse rühmen,
> das Du Deinem Volke antust.
> ...
> Aber ich höre nicht auf,
> an Dich zu glauben,
> und ich werde Dich lieben,
> Dir selber zum Trotz,
> Deinem Willen zum Trotz –
> Gott,
> der Du alles getan hast,
> damit ich an Dir zweifle.«

(zitiert nach Wolff [Hrsg.], Hiob 1943, a.a.O., 275f)

Es gibt kein Lob ohne die Liebe. Es gibt auch die Freude, die zum Lob führt, nicht abseits der Liebe. Hämische Freude führt ebensowenig zum Lob Gottes wie die Begeisterung über die zerstörerische Gewalt einer nuklearen Explosion. Liebe ist gewiß ein vieldeutiges Wort, aber dort, wo Paulus und Johannes es in jeweils anderen Zusammenhängen als kritische Instanz ins Spiel bringen (1Kor 13; 1Joh 4), gewinnt es auch eine kritische

Eindeutigkeit. Es kann aber sein, daß uns im Umgang mit der Schöpfung andere Worte noch mehr helfen, die Grenze deutlicher zu erkennen. In der Rede des Häuptlings Seattle ist es das Wort »heilig«, das die Grenze zwischen dem roten und dem weißen Mann bezeichnet, dem nichts mehr heilig ist. Was Seattle dort in der Mitte des vorigen Jahrhunderts aussprach, ist in überraschender Weise identisch mit Albert Schweitzers zu Beginn unseres Jahrhunderts erhobener Forderung einer neuen »Ehrfurcht vor dem Leben«; und auch diese hat noch mehr als zwei Menschenalter gebraucht, bis sie als kritischer Maßstab in ihrem ganzen Gewicht begriffen wurde.
So sind wir am Ende wieder auf den 139. Psalm zurückgekommen. Die Ausgangsfrage war, ob wir in Psalm 139,14 das Wort »danken« nicht durch eines ersetzen können, das den emotionalen Grund des Lobens auch für Kinder deutlicher ausspricht. Luther hatte, dem hebräischen Text folgend, das ungewöhnliche Wort »darüber« eingefügt. »Ich danke dir darüber« beschreibt einen ganz anderen Vorgang als das pflichtgemäße »ich danke dir dafür«. Mir scheint, nach allem Gesagten können wir diesen Vorgang noch einfacher und eindeutiger so aussprechen: »Ich freue mich darüber, daß ich wunderbar gemacht bin.« Eine Schwäche gegenüber dem hebräischen Text liegt darin, daß die Freude hier nicht so deutlich adressiert ist wie dort; aber in der Wendung »daß ich wunderbar gemacht bin« ist doch von dem Adressaten der Freude unüberhörbar die Rede. Doch vielleicht gelingt in der Arbeit mit den Kindern noch eine bessere Übersetzung?
Freude aber ist ansteckend. Der 104. Psalm verknüpft die Freude der Lobenden mit der Freude Gottes:

DER HERR FREUE SICH SEINER WERKE
ICH FREUE MICH DES HERRN (104,31.34)

Mir hat sich ein Satz aus einem Psalm eines elfjährigen Mädchens unvergeßlich eingeprägt, der diese Verbindung in einer seltenen Schönheit und Unmittelbarkeit ausspricht:

Wenn Gott sieht
ich bin glücklich
freut er sich

6
Elementare Didaktik des Lobens: Psalm 104

Auf die Frage, wie wir Kinder in die Sprache des Lobes einführen und einüben können, sind gegensätzliche Antworten möglich. Wir können sagen: Ist die Sprache des Lobes die Sprache der Freude, so muß sie nur entbunden werden; nichts anderes ist notwendig als ein Anlaß, der die Kinder ihre eigene, ursprüngliche Sprache der Freude finden läßt. Die Sprache der Freude muß so vielfältig sein, wie das Leben selbst unerschöpflich ist. Diese Antwort hat didaktisch ihr unbestreitbares Recht; ich kenne Kinderpsalmen, die das eindrücklich belegen.
Aber der Hinweis auf die Vielfalt kann doch, wenn wir didaktisch fragen, nicht ganz befriedigen. Denn wir haben ja im Gegensatz zu dem Lobgesang der Engel keine Ewigkeiten zur Verfügung, sondern müssen in begrenzter Zeit und in bedrängter Situation solche Quellen des Lobes zu erschließen versuchen, die auch in den Zeiten der Angst nicht versiegen; und es müssen Erfahrungen sein, die einen Transfer ermöglichen und uns noch andere Quellen entdecken und erschließen lassen. Es gibt im Leben der Kinder vielerlei Anlaß zur Freude, und es ist immer gut, darauf einzugehen; aber wir suchen jetzt nach den elementaren Formen des Lobes, nach solchen Anlässen und Äußerungen der Freude, die diesen didaktischen Kriterien standhalten. Wenn irgendwo, werden wir sie in den Psalmen finden. Wir erwarten dort auch noch genaueren Aufschluß darüber, was denn in der Sprache des Lobes eigentlich vor sich geht.
Der Psalm, von dem wir am meisten in dieser Frage erwarten können, ist der 104. Psalm. Aber auch beim wiederholten Lesen bleibt zunächst der Eindruck: Ein sehr schöner und starker Psalm, doch in der Frage nach elementaren Sätzen des Lobes läßt er uns im Stich. Die Suche nach Worten des Lobes, die sich die Kinder ebenso unmittelbar zu eigen machen können wie die Worte der Klage, bleibt ergebnislos. Der Psalm spricht eine sehr schöne, ausdrucksvolle Sprache, die aber doch nicht die Sprache der Kinder ist. Er ist eine großartige, vielstimmige Fuge auf die Güte der Schöpfung, doch in dieser Form viel zu komplex, um Kindern zugänglich zu sein. Aber vielleicht kommen wir weiter, wenn wir die einzelnen Themen dieser Fuge ins Auge fassen.

6.1
Du bist schön

Dies ist der erste ganz einfache Satz, auf den wir bei der Lektüre des Psalms stoßen, den Kinder so auch sprechen könnten. Er ist ohne Frage ein ganz elementarer Satz des Lobes. Aber seine Semantik ist nicht ganz einfach. Was geschieht, wenn Gott so angeredet wird?

Wir kennen und verstehen diesen Satz besser in einem anderen Zusammenhang. Er begegnet uns etwa im Hohen Lied in immer neuen Variationen: »Wie schön bist du, meine Freundin, wie schön!« (4,1; ähnlich 1,15.16; 4,7; 6,4.10; 7,7). Hier wie im Psalm ist es formal ein Satz des »beschreibenden Lobes«; hier wie dort faßt der Begriff des Beschreibens nicht das Erstaunen und die Begeisterung, die sich in diesem Satz ausdrückt. Dies ist der Satz eines Überwältigten; er antwortet auf den Eindruck hinreißender Schönheit.

Was will diese Antwort? Sie will nicht »werten«, sie will einfach loben, d.h. sie will die Freude aussprechen, nicht ziellos, sondern als direkte Anrede. Und damit bekommt der erfahrene Eindruck der Schönheit eine andere als die nur flüchtige Realität des Augenblicks. Die »beschreibende« Sprache ist auf Dauer angelegt; sie beläßt den Eindruck, den sie wiedergibt, nicht in der Vergangenheit, sondern verleiht ihm bleibende Gegenwart; und zugleich wird er durch die Anrede einbezogen in das umfassendere Geschehen einer personalen Begegnung. Eine solche Begegnung aber verwandelt die Betroffenen; sie stiftet eine neue Wirklichkeit. Und das Lob hat Anteil an dieser Veränderung; die Sprache des Lobes hat selbst Wirklichkeit stiftende Kraft: Das Lob gehört nicht zur informativen, sondern zur performativen Sprache.

Dies alles gilt für das Hohe Lied ebenso wie für den 104. Psalm. Ein Unterschied aber bleibt. Im Hohen Lied hat der Liebende das Mädchen vor Augen, dessen Schönheit er rühmt, und die Worte seiner Freude eignet er ihr zu wie ein Blumengebinde, als Antwort auf den überwältigenden Eindruck ihrer Schönheit. Was aber geschieht in dem Psalm? Auch er hat überwältigende Schönheit vor Augen, die Schönheit des Himmels und des Lichtes; aber damit hat er noch kein Gegenüber, das sich anreden ließe. Gewiß: Daß der Psalm das Licht des Himmels als Schönheit, Glanz und Pracht anspricht, ist nicht selbstverständlich. Die diffuse Vielfalt der Eindrücke könnte auch Furcht und Abwehr hervorrufen. Der Psalm aber spricht sie als eine beglückende Erfahrung, als Wohltat an.

Dies ist der elementare Vorgang im Lob: Die Wohltat ruft, wenn sie wirklich als solche erfahren wird, eine Antwort hervor, und die Freude, die darauf antwortet, will nicht sprachlos und nicht ziellos bleiben, so daß sie (wenn nicht grammatisch, so doch in ihrer Tiefenstruktur) Anrede ist und ihren Adressaten sucht. Gewiß, ich kann den Himmel selbst, sein Licht und die Wolken anreden, aber ich weiß dabei, daß diese Anrede fiktiv ist und daß der Adressat meine Sprache nicht hört. Ein solches Zwiegespräch mit dem fiktiven Adressaten meiner Freude wirft mich letzten Endes nur noch tiefer in meine Einsamkeit zurück.

Ich will hier nicht einen Gottesbeweis durch die Hintertür einbringen; aber wenn ich das Licht des Himmels als überwältigende Schönheit und Wohltat erfahre, dann fordert diese Erfahrung, daß ich meine Freude als

Antwort dem Urheber dieser Wohltat zueigne. Das Lob des Schöpfers ist die natürliche und zugleich die elementare Antwort auf diese Erfahrung; alle anderen Formen der Sprache der Freude sind Kunstformen, die auch ihre Schönheit und Notwendigkeit haben, aber defizitär bleiben, weil sie den Kern der Erfahrung nicht treffen. Wohltat ist nun einmal ein personales Geschehen und kann nicht einem anonymen Sachverhalt verdankt werden. An dieser Stelle läßt sich noch genauer begreifen, inwiefern das ausgesprochene Lob die Wirklichkeit verändert oder neue Wirklichkeit stiftet. So bewußt wahrgenommene Wohltat kann ja nicht ein flüchtiger Eindruck bleiben, in einem Augenblick registriert und im nächsten wieder vergessen; meine Antwort im Lob macht diesen Eindruck wiederholbar, verleiht ihm Dauer und damit Verbindlichkeit für mein Leben. Ich kann und will diese Erfahrung ja nicht ungeschehen machen, und das zeitigt Konsequenzen für mein Leben. Die Worte, die ich da gesprochen habe, sind von solcher Art, daß sie mich jetzt auch binden. Aber sind wir damit nicht doch wieder bei »jenem höheren Wesen, das wir verehren«, in den Strudeln natürlicher Theologie? Doch wie im ökumenischen Gespräch der Vorwurf der natürlichen Theologie selbst noch einmal kritisch auf seine Voraussetzungen befragt werden muß, so werden wir auch auf dem didaktischen Felde vorsichtig mit ihm umgehen müssen. Immerhin haben wir uns ja streng an biblische Texte gebunden. Heinrich Bölls unvergeßlicher Bur-Malottke wurde ja gerade darüber zur Karikatur, daß er der elementaren und verbindlichen Anrede ausweichen und an ihre Stelle das luftige Gebilde »jenes höheren Wesens, das wir verehren« setzen wollte. Das biblische Lob des Schöpfers zielt aber nicht auf irgendein höheres Wesen, sondern nennt den Angeredeten mit Namen. Das Du ist keine rhetorische Figur, sondern wird an früheren Erfahrungen identifiziert. Der Name nennt den Gott des Auszugs aus Ägypten, und die vielen Beinamen, die er in den Psalmen bekommt, besonders aber die hier mit dem Namen verbundene Wendung »mein Gott«, identifizieren ihn als den Gott aller persönlich erfahrenen Hilfe: »der dein Leben vom Verderben erlöst« (103,4), »der Recht schafft denen, die Gewalt leiden« (146,7). Diese Namen stehen am Anfang des Psalms, ihnen gilt das Lob; dies ist der Gott, der nun auch in all den anderen Wohltaten, in dem Licht und der Schönheit des Himmels, erkannt wird. Didaktisch liegt alles an diesem Vorgang des Wiedererkennens; er ist der Schlüssel zu einem sachgemäßen Umgang mit den biblischen Schöpfungstexten. Der Psalm 104 gibt selbst noch genaueren Aufschluß, was im Lob der Schöpfung eigentlich geschieht:

LOBE DEN HERRN MEINE SEELE
HERR MEIN GOTT DU BIST SEHR HERRLICH
DU BIST SCHÖN UND PRÄCHTIG GESCHMÜCKT
LICHT IST DEIN KLEID DAS DU ANHAST

Luther hat den hebräischen Text hier nicht wörtlich übersetzt;

eigentlich heißt dort die dritte Zeile: Pracht und Schmuck hast du angezogen; aber mit dieser Übersetzung haben wir weder den Zauber noch die Einfachheit des hebräischen Originals wiedergegeben. Der hebräische Text spricht von strahlender, überwältigender Schönheit, aber in einer unnachahmlich einfachen Formulierumg; und Luthers Übersetzung trifft zwar nicht den Wortlaut, aber die Elementarität und die emotionale Farbe des Originals: Du bist schön und prächtig geschmückt!

Dies also ist der Vorgang, aus dem das Lob erwächst: Wer diese Worte spricht, hat den Himmel und die Schönheit des Lichts vor Augen, und er nimmt dieses Himmelslicht als Gottes Gewand. »Gewand« ist eine Metapher; das Gewand ist Bekleidung und Schmuck zugleich, Verhüllung und Präsentation. Eine Semiotik der Kleidung müßte, nicht nur im Blick auf die Bibel, jedenfalls dies festhalten: Die Kleidung ist immer schon ein Teil der Kommunikation – Vorwegnahme, Anbahnung oder Eröffnung einer Kommunikation, Anzeige ihrer Rahmenbedingungen, insofern auch immer Abwehr unangemessener Annäherungsversuche, Verweigerung gegen Zudringlichkeit.

Der Psalm spricht den Himmel nicht nur als das Kleid, sondern auch als die Wohnung Gottes an: Du breitest den Himmel aus wie einen Teppich. Dabei ist der kostbare Teppich hier nicht als Bodenbelag, sondern als Wandbehang oder Zeltdach gedacht. Das macht die Übersetzung dieses Verses für die Kinder schwierig. Aber die Metapher »Wohnung« enthält wie die des Kleides die Aufforderung zur Kommunikation. Wir leben ja alle unter diesem kostbaren Dach, wir sind schon seine Gäste, und der kostbare Schmuck zeigt nicht nur die Größe des Gastgebers, sondern auch, daß wir mit ausgebreiteten Armen erwartet wurden.

So nimmt der Psalm dem Himmel das Abweisende. Alle Schönheit ist zweideutig, beglückend wie bedrohlich. Der Psalm macht sie eindeutig, indem er den, der sich in solche Schönheit kleidet und darin wohnt, mit dem biblischen Namen und als »mein Gott« anredet. Die Schönheit des Himmels wird zur Aufforderung, ihn so anzureden, sich auf diese Begegnung einzulassen, ihn so wahrzunehmen, bei ihm zu wohnen, sich selbst als seinen geliebten und geehrten Gast zu begreifen.

Bei alledem hat uns die didaktische Frage nicht verlassen, welches denn der erste Schritt sein muß, Kindern einen sachgemäßen Zugang zu der biblischen Gotteserfahrung zu eröffnen. Steht am Anfang das Lob dessen, der mein Leben vom Verderben erlöst, oder das Lob des Schöpfers, dem wir das Leben und alle Freude des Lebens verdanken? Das Problem ist so alt wie die Bibel. Die historische Erforschung der Bibel hat gezeigt, daß am Anfang des biblischen Glaubens die Erfahrung des Exodus stand, das Lob des Retters, der das Schreien Israels gehört und sein Elend gesehen hat, und daß erst später, als dieser Glaube zu seinen äußersten Konsequenzen vordrang, Gott als der Schöpfer des Lebens schlechthin, des Menschen und der Welt begriffen wurde. Das legt den didaktischen Weg nahe, den wir in diesem Buch auch gegangen sind. Aber die Bibel in ihrer heutigen

Gestalt zeugt von einer anderen Entscheidung: Dort hat die Schöpfungsgeschichte das erste Wort. Die scharfsichtigen Theologen, die die Schriften der Bibel zu ihrer endgültigen Form zusammenfügten (die Exegese behandelt sie unter ihrem Wert als »Redaktoren«), folgten damit dem Gesetz einer anderen theologischen Logik. Welche von beiden Entscheidungen bindet uns?

Glücklicherweise entsteht an dieser Stelle kein didaktischer status confessionis. Die Entdeckung, daß der didaktische Schlüssel das Wiedererkennen der einen Gotteserfahrung in der anderen ist, die Identifikation des Schöpfers mit dem Gott aller Hilfe und umgekehrt, entbindet uns von dem Zwang einer didaktisch allein legitimen Reihenfolge. Wir kommen weder induktiv noch deduktiv von der einen Gotteserfahrung zwangsläufig zu der anderen; das Wiedererkennen setzt das Kennen beider voraus; intendiert ist ein Prozeß wechselseitiger Erschließung, in dem es kein eindeutiges Prae gibt, nur die Forderung wachsender Intensität und Deutlichkeit. Dem Lob des Schöpfers, das von der Angst absieht, fehlt die Tiefe; dem Lob des Helfers und Retters, das von der Größe und Schönheit seiner Schöpfung absieht, fehlt die Weite. Erst die Verbindung von beidem macht nach biblischem Verständnis das Reden von Gott eindeutig. Didaktisch aber bleibt offen, wie wir beginnen, und gerade die Offenheit dieses Lernprozesses gewährt den Kindern die Freiheit, die sie brauchen, um sich selbst ins Spiel zu bringen.

Wie aber kommen die Kinder ins Spiel bei einem so gewaltig ausgreifenden, den Himmel und alles Licht einbeziehenden Lob Gottes?

Nun gibt der Satz »Licht ist dein Kleid« ja selbst didaktische Impulse: Er verlangt nach Übersetzung und Entfaltung. Am nächsten liegt es, hier auch an Licht und Farbe als Medien zu denken, also an bildnerische Mittel. Aber die Aufgabe verlangt, wenn nicht als Ergebnis Gott als ein Mann mit einem bunten Kleid erscheinen soll, eine Vorbereitung im Gespräch. In einem solchen nachdenklichen Gespräch kann die Metapher vom »Kleid« Gottes eine gewisse selbstreinigende Kraft entfalten: Die Kinder werden beim Nachdenken selbst den Gedanken zurückweisen, daß Gott ein Kleid wie ein Mensch tragen könnte; und im Sinne dieser Einsicht könnten wir mit ihnen nach anderen, noch deutlicheren Übersetzungen dieses Satzes suchen; vielleicht kommen wir damit in eine ganz unerwartete Nähe zum hebräischen Text.

Luthers Übersetzung »Licht« legt es nahe, die Verbindung zu den ersten Sätzen der ersten Schöpfungsgeschichte zu suchen (Gen 1,3f). Luther meint ja nicht irgendein Licht, auch nicht das Wort »licht« als Adjektiv, sondern: »Alles Licht . . .«. Was das heißt, müssen wir einmal versuchen, uns mit den Kindern via negationis vorzustellen: eine Welt ganz ohne Licht. – Das Stichwort »Licht« schlägt eine Brücke zwischen beiden Formen des Lobes; in den Vertrauensworten der Psalmen kann Gott auch als »mein Licht« angeredet werden (Ps 27,1; vgl. Jes 60,1).

6.2
Ich denke mir, ich wäre ein Baum

Zu den Bildern, an deren Anblick sich das Lob dieses Psalms entzündet, gehören auch Bäume:

> DIE BÄUME STEHEN VOLL SAFT
> DIE ZEDERN DES LIBANON DIE ER GEPFLANZT HAT
> DORT NISTEN DIE VÖGEL
> UND DIE REIHER WOHNEN IN DEN WIPFELN . . . (V. 16f)

Hier läßt uns freilich die Sprache des Psalms im Stich. Die mächtigen Zedern des Libanon, die »Bäume des Herrn«, sind für den Israeliten ein Begriff, für unsere Kinder nicht; und daß diese Bäume »voll Saft« sind, stiftet bei den Kindern eher skurrile Assoziationen.
Aber der Baum wird nicht nur in diesem Psalm Anlaß zum Lobpreis; und die anderen Stellen geben uns einen wichtigen didaktischen Hinweis.

> DER IST WIE EIN BAUM
> GEPFLANZT AN DEN WASSERBÄCHEN
> DER SEINE FRUCHT BRINGT ZU SEINER ZEIT
> UND SEINE BLÄTTER VERWELKEN NICHT

– so sagt es der 1. Psalm (V. 3). Gemeint ist der Mensch, der sich nicht an den Menschenverächtern orientiert, die die Schöpfung vergewaltigen, sondern dem Gebot Gottes treu bleibt. Einen ähnlichen Vergleich nimmt der 92. Psalm vor:

> DER GERECHTE WIRD GRÜNEN WIE EIN PALMBAUM
> ER WIRD WACHSEN WIE EINE ZEDER AUF DEM LIBANON
> DIE GEPFLANZT SIND IM HAUSE DES HERRN
> WERDEN IN DEN VORHÖFEN UNSERES GOTTES GRÜNEN
> UND WENN SIE AUCH ALT WERDEN
> WERDEN SIE DENNOCH BLÜHEN FRUCHTBAR UND FRISCH SEIN
> (V. 13–15)

Und am Ende des Psalters stimmen die Bäume,

> FRUCHTTRAGENDE BÄUME UND ALLE ZEDERN (148,9)

mit allem, was Odem hat (150,6), ein in das umfassende Lob Gottes.
Daß die Psalmen hier Bäume mit menschlichen Zügen beschreiben, kommt der natürlichen Einstellung der Kinder entgegen. Wir kennen ihre Bereitschaft, Tiere so menschlich zu sehen; aber auch Bäume sind für sie, wenn auch in anderer Art, ein erstaunliches und attraktives Gegenüber, das

geradezu dazu einlädt, sich vorzustellen: Ich denke mir, ich wäre ein Baum. Das ist ein Impuls, der die Kinder aufblühen läßt, und sie entdecken nun noch anders, was ein Baum ist, und begreifen in dem Baum sich selbst. Elfjährige schreiben ohne Hilfe abgründige Verse darüber:

> Meine Wurzeln gehen
> weit in die Erde,
> ich spüre sie.
> Die Äste breiten sich aus,
> sie wollen Wasser haben.
> Ich bringe ihnen Wasser.
> Sie breiten sich aus,
> ich spüre sie.
> So geht es mir,
> einem Baum.

Aber nicht nur die Freude am Leben kommt zur Sprache:

> Ich fühle die Kälte in mir aufsteigen,
> die Angst vor dem nächsten Tag.
> Doch da, Wärme ... ich wache auf ...

Im Rückblick wird mir deutlich, daß es verschiedene Stufen der Annäherung gibt. Wir können den Baum betrachten und, wie die Psalmen, ihn bewundern, seine Stärke und seine Schönheit. Schon dies ist nicht wenig, aber noch mehr ist es, unter oder in einem Baum zu sitzen, das Rauschen seiner Blätter zu hören, das Knarren und Schwanken seines Stammes im Wind zu spüren oder sich unter seinem Schutz im Regen geborgen zu fühlen. Aber auch damit geben sich Kinder, wenn man ihrer Phantasie Raum gibt, noch nicht zufrieden. Der Baum hat offenbar eine besondere Qualität als Symbol des Lebens schlechthin. Es bedarf nur eines kleinen Anstoßes, und die Kinder beginnen, sich in den Baum einzufühlen, sein Leben mitzuerleben, und am Ende steht der Baum für ihr eigenes Leben, ihre Erfahrungen und vor allem ihre Sehnsüchte und Träume, ausgespannt zwischen den Wurzeln tief in der Erde und den Blättern, in denen der Wind spielt. Renate Schwarz gibt in den Schönberger Heften (4/79, 10ff) einen eindrucksvollen Bericht davon, wie das Bild des Baumes, hier in einem schönen Poster und in dem Text von Psalm 1 gegenwärtig, Kinder fasziniert. Sie gibt dort u.a. ein erstaunliches Gedicht eines Zehnjährigen wieder, das sicher über die normalen Ausdrucksmöglichkeiten von Kindern eines 4. Schuljahres weit hinausgeht, aber doch zeigt, welche Erlebnismöglichkeiten in dieser Altersstufe bestehen:

Einsam sein

Ich habe Lust, diese Szene zu erleben,
einsam zu sein
und den Wind der Freiheit zu spüren.
Das sichere Gefühl zu leben haben,
die Bäume meines Traumes zu hören.
Dieses Gefühl zu erringen,
ist mein Dasein und meine Macht,
in diesen Bäumen
wurden meine Träume
und meine Gedanken geboren.
Ich existiere wie ein Baum.
Meine Gedanken
sind die Gedanken der Bäume,
meine Gedanken sind so verzweigt
wie die Äste der Bäume.

Die für einen Zehnjährigen fast unglaubliche Ausdrucksfähigkeit wird glaubwürdig, wenn man im Faksimile die eigenwillige Orthographie wahrnimmt (»diese Zehne zu erleben«). Mit dem Wort »Ausdrucksfähigkeit« aber beschreiben wir den Vorgang noch zu einseitig:
Der Anblick des Baumes hat dem Jungen geholfen, sich seiner selbst deutlicher bewußt zu werden. Psalm 1, aber auch Psalm 92,13ff und Psalm 96,12 zeigen entsprechende Vorgänge in der Bibel.
Wenn der Baum in unserem Unterricht nicht nur schon vorhandene Erlebnisse reaktivieren, sondern auch neue Erfahrungsmöglichkeiten stiften soll, muß er so deutlich und konkret wie möglich präsent sein. Ein schönes Bild ist schon mehr als ein an die Tafel geschriebenes Wort, aber noch besser ist es, die Bäume leibhaftig, wenn sie nicht zu weit von der Schultür entfernt sind, in den Unterricht einzubeziehen.
Was kann auf einem solchen Waldgang geschehen, damit die Kinder wirklich zu neuer oder bewußterer und intensiverer Wahrnehmung gelangen? Sie müssen nach Spielen suchen, die die Wahrnehmungsfähigkeit steigern, etwa

– Das Blindenspiel: Jeweils zwei Kinder bekommen die Aufgabe, ihre nähere Umgebung zu erkunden. Dabei ist das eine »blind«: Ihm werden die Augen verbunden, und das andere soll nun das blinde Kind behutsam mit seiner Umgebung vertraut machen, es Bäume und Blätter, Gräser und Blumen, den Weg und den Wegrand durch Ertasten und andere Sinneseindrücke wahrnehmen lassen. Dabei wird das sehende Kind dem blinden schildern, was es sieht; aber auch das blinde Kind wird dem anderen seine Wahrnehmungen mitteilen. Nach einiger Zeit werden die Rollen dann vertauscht.

Die Kinder lernen dabei nicht nur, behutsam mit anderen umzugehen, die eingeschränkte Wahrnehmungsmöglichkeiten haben; sie nehmen selbst ihre Umgebung ganz anders wahr: Wer selbst nicht mehr sehen konnte, sieht nachher viel mehr; wer plötzlich vor der Aufgabe steht, einem anderen, der nicht sehen kann, optische Eindrücke zu vermitteln, oder wer Sinneseindrücke anderer Art sprachlich weitergeben soll, wird sehr viel intensiver und bewußter wahrnehmen; schon das Einfachste wird des Gewohnten entkleidet.

– Oder das Baumspiel: Kleine Gruppen von Kindern sitzen um einen Baum, den sie sich selbst ausgesucht haben. Sie müssen Zeit haben, den Baum genauer anzuschauen; dann bekommen sie die Aufgabe, den Baum erzählen zu lassen, was er erlebt. Irgend jemand muß den Anfang machen: »Ich bin schon 60 Jahre alt. Der letzte Winter war sehr kalt . . .« Es ist gut, wenn eine solche Gruppe einen Leiter hat, der genug Phantasie besitzt, die Erzählung, wenn sie festfahren sollte, mit erzählerischen Mitteln wieder zu beflügeln. Wahrscheinlich aber wird sich zeigen, daß die Phantasie der Kinder größer ist als die unsere.

Um zu zeigen, was in einer solchen Einfühlungs- und Gesprächsphase zutage kommt, zitiere ich aus dem Bericht einer der für diese Unterrichtsstunden verantwortlichen Studentinnen:

»Die drei Mädchen meiner Gruppe hatten sich ein ganz junges, nicht sehr großes Bäumchen ausgesucht. In Erinnerung sind mir vor allem folgende Sätze: ›Ich bin noch jung und will noch viel wachsen und sehr groß werden‹, oder: ›Ich freue mich, daß ich auf der Welt bin!‹ Es wird deutlich, wie hier tatsächliche Lebensfreude in Sprache gefaßt wird. Aber auch Worte der Angst kommen zutage, die die ambivalente Wirklichkeitserfahrung, die auch Kinder kennen, zur Sprache bringen: ›Ich habe Angst, abgesägt zu werden‹, wurde mehrfach gesagt, so wie auch das Waldsterben die Kinder bereits betrifft: ›Manche Leute, die vorbeigehen, sagen, daß die Bäume sterben werden, aber das glaube ich nicht, ich will doch leben!‹ Die Bedeutsamkeit der Erfahrung von menschlicher Gemeinschaft und Nähe spiegelt sich in Sätzen wider wie: ›Um mich herum sind alles meine Freunde.‹ Bei der Betrachtung solcher Kinderäußerungen wird mir deutlich, daß die Identifikation mit dem Baum es den Kindern ermöglicht hat, in einem sicheren Schutzraum von Distanz (- es ist ja der Baum, der das sagt –) z.T. sehr persönliche Erfahrungen und auch Ängste zu versprachlichen« (Astrid Greve).

Was werden die Kinder eines dritten Schuljahres nach diesen Erfahrungen zu dem Psalmwort sagen (Ps 1,3):

DER IST WIE EIN BAUM
GEPFLANZT AN DEN WASSERBÄCHEN
DER SEINE FRUCHT BRINGT ZU SEINER ZEIT
UND SEINE BLÄTTER VERWELKEN NICHT

Zusammen mit dem Psalmwort hängt an der Tafel die Umrißzeichnung eines Baumes mit Ästen und Wurzeln, aber ohne Blätter. Das Gespräch ist in dieser Phase wenig ergiebig. Wahrscheinlich ist der Impuls zu komplex. Die Kinder machen einige Beobachtungen an dem kahlen Baum; zu dem Psalmwort wird gesagt:

- Die Bäume bringen Sauerstoff.
- Die Bäume wachsen.
- Die Bäume leben wie wir.
- Bäume haben auch Wurzeln.
- Es gibt große, kleine, dicke und dünne Bäume.
- Die Bäume leben, hat Tanja gesagt, aber sie können ja nicht gehen . . . die Bäume können nicht laufen, sie leben nicht so wie wir.
- Wenn man alleine ist, dann ist man auch traurig.

Die Kinder stellen fest, daß der kahle Baum dazu auffordert, ihm Blätter zu malen, dazu natürlich auch Früchte und die »Wasserbäche«. Sie beginnen, Blätter sind in großer Zahl erforderlich, und so wird das Herstellen der Blätter zu einer ausgedehnten Arbeitsphase, die Raum gibt für eine besondere Aufgabe: Auf den Blättern sollen Sätze stehen, die der Baum selbst sagt. Und auf einmal werden bei den Kindern die Erfahrungen des Baum-Spiels wieder lebendig und noch weiter gedacht, und wir tragen die beschrifteten Blätter als die eigentliche Ernte dieser Stunden mit nach Hause.

Die Spannweite dieser Äußerungen ist sehr groß. Sie reichen von witzigen Details:

Ich höre die Vögel.
Die Würmer kitzeln mich

bis zu einem ausgeführten Lobpsalm:

Ich höre, wie die Vögel singen,
ich merke, wie die Vögel auf mir gehen.
Meine Brüder sind in jedem Land.
Vögel bauen auf mir ein Nest.
Ich merke, wenn die Leute an mir vorbeigehen.
Ich merke, wenn andere Tiere an mir sind.
Neben mir wachsen noch andere Bäume.
Im Winter verliere ich meine Blätter.
Ich bin froh, wenn es regnet.

> *Ich bin froh,* wenn die Sonne scheint.
> *Ich bin froh,* wenn ich Freunde habe.
> *Ich bin froh, daß ich Liebe habe.*
> Ich trage Früchte,
> über die sich die Menschen freuen.

Die Blätter offenbaren, welche Gegensätze des Lebensgefühls sich in dieser Klasse finden. Ein Junge schreibt:

> Bin schon 50 Jahre alt.
> Habe viele Bewohner.
> An mir wachsen viele Früchte.
> *Ich liebe mich.*
> Ich bin schön groß,
> und alle Leute finden mich schön.

Erschreckend klingt dagegen dieser Vers:

> Leider kann ich nicht laufen.
> Alles muß ich mir gefallen lassen.
> Alle Hunde machen in den Wald.
> Manchmal klettern Kinder auf mich.
> Bald werde ich abgesägt.
> Ich möchte auch ein Vogelnest haben.

Ganz ähnlich beginnt ein anderer Vers:

> Leider kann ich nicht laufen.
> Leider bin ich kein Tier.
> Ich bin nicht so groß wie die anderen.
> Öfters klettern Kinder auf mir herum.
> Ich kann nicht weinen ...

So zeigt sich, daß wir mit der Interpretation vorsichtig sein müssen. Hier spiegelt sich in den Sätzen wahrscheinlich nicht die eigene Lebenserfahrung des Kindes, sondern gerade das Bewußtsein der Differenz, die Entdeckung, daß die eigene Lebendigkeit, ja schon die der Tiere der des Baumes überlegen ist.

Ein besonderes Nachdenken verdient sicher noch der schöne Satz: »Ich liebe mich.« Ich selbst habe Erinnerungen an einen Religionsunterricht, in dessen Kontext ein solcher Satz wie das Grundbekenntnis menschlicher Sünde und Verlorenheit erschienen wäre, als das Bekenntnis zu einer dem Christen verbotenen Selbstliebe. Ich will nicht darüber urteilen, ob ein solches Verdikt vielleicht auch ein relatives Recht hatte; heute jedenfalls hören wir einen solchen Satz aus dem Munde eines Kindes völlig anders: Wir wären glücklich, wenn viele Kinder aus Überzeugung diesen Satz sprechen könnten, denn wir sehen sie in eine Welt hineingehen, in der sie die Fähigkeit, zu sich selbst ja zu sagen, so nötig brauchen werden wie das tägliche Brot.

Die Aufgabe, Erfahrungen des Lebens als Erfahrungen eines Baumes zur Sprache zu bringen, büßt mit den wachsenden sprachlichen Fähigkeiten der Kinder nichts von ihrem Reiz ein. Ich habe eine Sammlung von Baumpsalmen von Elf- und Zwölfjährigen, die mich, sooft ich sie lese, immer wieder in Erstaunen versetzen über dieses Maß von sprachlicher Schönheit und Authentizität:

> Ich wollt, ich wär ein Baum.
> Ich spürte den frischen Nebel,
> der mich umgibt,
> den frischen Duft,
> das Wasser, das mich durchfließt.
> Und der Wind
> spielte mit meinen Blättern.

Die gleichnishaften Züge treten immer deutlicher hervor:

> Ich spüre die Luft.
> Ich spüre die Kraft des Wassers.
> Die Sonne wärmt meine Blätter.
> Im Herbst muß ich Abschied
> nehmen von meinen Blättern.
> Der Winter wird eisig kalt.
> Aber im Frühjahr, da brechen alle meine
> Knospen auf. Es kommen neue Blätter.
> Es ist wunderbar.

Offenbar durch den 1. Psalm inspiriert ist das folgende Gedicht:

> Ich stehe auf einem einsamen Hügel,
> und neben mir fließt ein kleiner Bach.
> Mit meinen Wurzeln
> sauge ich das frische Wasser auf.
> Es schießt bis in die Spitzen
> und gibt mir neue Kraft
> für frische, grüne Blätter.
> Der Wind spielt in meinen Blättern,
> und das ist schön.
> Die Menschen kommen,
> und sie pflücken meine Äpfel
> und freuen sich an mir,

und das ist schön.
Die Vögel sitzen in meinen Zweigen,
sie singen mir die schönsten Lieder vor,
nur für mich,
und das ist schön.

Das schönste Gleichnis aber schrieb ein dunkelhäutiger Junge:

Ich wäre gern ein Ahornbaum,
und wenn ich im Herbste
schöne bunte Blätter habe -
es käme eine Frau und pflückte
meine schönen Blätter,
um sie zu pressen.
Im Winter könnte ich
mit dem Schnee spielen.
Im Frühling kämen
schöne neue Blätter,
und im Sommer kämen Kinder
und würden in meinen
Ästen herumklettern.
Und an jedem Abend würde ich
Gott danken, daß ich ein Baum bin.

6.3
Du bringst das Brot aus der Erde hervor

»Gepriesen seist du, Herr,
der du das Brot aus der Erde hervorbringst!«

Diesen Segensspruch spricht der jüdische Hausvater jeden Tag zu Beginn der Mahlzeit. Darin wird das Bewußtsein bewahrt, wie wenig selbstverständlich es ist, daß wir wirklich Brot in der Hand haben und unter uns teilen können. Vielerlei muß zusammenkommen: Aus dem Samen muß das Korn wachsen und reifen; das ist das Wunder, von dem der jüdische Brotsegen spricht. Wörtlich müßten wir übersetzen: »Gesegnet seist du, Herr«; am Anfang steht das gleiche hebräische Verb wie am Anfang des 103. und 104. Psalms. Es ist eine für uns zunächst ungewöhnliche Vorstellung, daß der Mensch Gott segnen kann; aber gerade sie erschließt uns viel von der Eigenart des Lobens in den Psalmen.
Beginnen wir erst einmal, über das Erstaunliche des Brotes nachzudenken, dann entdecken wir noch mehr: Die Arbeit vieler Hände war notwendig, damit aus dem Samenkorn Brot wurde. Der Acker mußte bestellt, das Korn gesät und geerntet werden, das Getreide mußte gemahlen und verarbeitet und gebacken und schließlich mußte das Brot zu uns auf den Tisch gebracht werden. Viele Hände sind da für uns tätig gewesen.

Der 104. Psalm, aus dem der jüdische Brotsegen offenbar entstanden ist, bedenkt auch diesen menschlichen Anteil an dem Zustandekommen des Brotes. Der hebräische Psalm ist an dieser Stelle doppeldeutig: Er läßt es offen, ob es Gott ist oder der Mensch, der das Brot aus der Erde hervorbringt. Der Psalm insgesamt ist eine Anrede an den Schöpfer; aber diese Stelle (V. 14) heißt wörtlich so:

> DU LÄSST GRAS WACHSEN FÜR DAS VIEH
> UND SAAT FÜR DIE ARBEIT DES MENSCHEN
> UM BROT AUS DER ERDE HERVORZUBRINGEN

Ein frisches rundes Brot lag vor den Kindern auf einem Tisch, daneben auf einem Teller eine Handvoll Mehl, ein paar Getreidekörner; und in einer Schale, die die Kinder lange beobachtet hatten, waren Getreidekörner gekeimt und hatten grüne Halme getrieben. Wir warteten, was die Kinder damit machen oder dazu sagen würden.
Zunächst war es das Brot, das einige Äußerungen hervorrief: »Brot müssen wir auch immer kaufen.« »Brot ist wichtig.« »Von Brot lebt man.«
Dann fingen die Kinder an, sich über die anderen Dinge Gedanken zu machen. Sie entdeckten, daß alles zusammengehört und eigentlich darauf wartet, in eine richtige Reihenfolge gebracht zu werden. Dann merkten sie an, was alles notwendig ist, damit aus den Körnern wirklich Brot wird. Von uns wird der Satz an die Tafel geschrieben:

> DU BRINGST DAS BROT AUS DER ERDE HERVOR

und unter den Kindern kommt es zu einer Auseinandersetzung, wer mit dem Du gemeint sei: Gott oder der Mensch, der auf dem Acker arbeitet. Dabei wird deutlich, daß es ohne die Arbeit des Menschen nicht geht, daß aber der Mensch nicht machen kann, daß aus dem Samen wirklich das Korn für das Brot wächst. Wir werden uns hüten, daraus einen Gottesbeweis zu machen, aber Sensibilität für das Nicht-Machbare gehört zu dem Unabdingbaren, das die Kinder angesichts der ökologischen Krise heute lernen müssen, und dies ist gerade auch am Brot zu lernen. Merkwürdig ist: Im Schulalltag sonst spielt das Brot in Gestalt des Schulbrotes nicht gerade eine besonders geliebte Rolle; anderes ist viel attraktiver; aber jetzt drängen sich die Kinder, um ein Stück von dem mitgebrachten trockenen Brot zu ergattern, ziehen den Duft durch die Nase und beißen genußvoll hinein. Ob sich ähnliches auch mit dem vorangehenden Vers bewirken ließe:

> DU MACHST DAS LAND VOLL FRÜCHTE DIE DU SCHAFFEST

Ich habe bei diesem Vers einen tragenden Baum mit saftigen Birnen in herbstlicher Sonne vor Augen. Es kann sein, daß die Kinder zunächst nicht

in der Lage sind, solche Bilder zu assoziieren, aber sie können sehen und verstehen lernen, wie diese Früchte wachsen, die sie täglich essen. Ich selbst bin Großstadtkind und erinnere mich noch ganz genau, welchen Eindruck es auf mich machte, als Zehnjähriger von der »Baumblüte« zu hören und sie dann auch wirklich zu erleben.
Der Satz

DU BRINGST DAS BROT AUS DER ERDE HERVOR

trägt noch einen Impuls zur Weiterarbeit in sich: Er hat einen klaren Dreierrhythmus. Wenn wir ihn gemeinsam sprechen, wird der Rhythmus von selbst hervortreten; dann läßt er sich klatschen oder klopfen, und diese Entdeckung drängt eigentlich auf eine Umsetzung in Musik und Tanz. Wir kommen im nächsten Kapitel auf diesen Impuls zurück.

6.4
Gäbe es die Tiere nicht . . .

Die Tiere sind in den Lobpreis des 104. Psalms mit einbezogen; im Meer wimmeln sie ohne Zahl, große und kleine; und

DA SIND GROSSE FISCHE
DIE DU GEMACHT HAST
DAMIT ZU SPIELEN (V. 26)

Große, furchterregende Tiere werden genannt, die Löwen, die nach Raub brüllen, aber auch die, deren bloßer Anblick erfreut, die Steinböcke und Murmeltiere (V. 18). Die Zürcher und die revidierte Luther-Bibel sprechen hier biologisch und philologisch genau, aber emotional völlig steril vom »Klippdachs«; Luther selbst sprach vom »Kaninchen« und beschwor damit einen Anblick, der Kinder noch heute in liebevolle Begeisterung versetzt.
Die größte Nähe zum Lob des 104. Psalms aber haben die Vögel. Sie werden nicht nur gezeigt, wie sie ihre Nester bauen (V. 17), sondern sie heißen »die Vögel des Himmels«, und der Psalm nimmt ihr Singen auf (V. 12):

DU LÄSSEST WASSER IN DEN TÄLERN QUELLEN
DASS SIE ZWISCHEN DEN BERGEN DAHINFLIESSEN
DASS ALLE TIERE DES FELDES TRINKEN
UND DAS WILD SEINEN DURST LÖSCHE
DARÜBER SITZEN DIE VÖGEL DES HIMMELS
UND SINGEN UNTER DEN ZWEIGEN

Für viele Kinder ist es ein ganz großer, langgehegter und oft unerfüllter Wunsch, ein Tier zu haben, einen Vogel oder ein kleines vierbeiniges Pelztier, am besten einen Hund.

Weshalb ist der Wunsch so groß? Weshalb geraten Kinder, wenn sie eines Tieres habhaft werden, vor dem sie sich nicht fürchten müssen, geradezu aus dem Häuschen? Wer je in einer engeren Gemeinschaft mit einem Vierbeiner gelebt hat, kennt den ganzen Reiz dieser Beziehung: Es ist die erstaunliche Erfahrung einer persönlichen Beziehung zu einem Mitgeschöpf, das ganz anders ist als ich, das keine Sprache hat und das ich trotzdem verstehen kann, das sich verständlich machen kann und mich auch versteht. Ganz andere Formen der Einfühlsamkeit als im Umgang mit Menschen sind hier gefordert, und wo das gelingt, entsteht doch so etwas wie eine gemeinsame Sprache. Hier kann so etwas ganz Menschliches entstehen wie gemeinsame Freude am Spielen oder gar Vertrauen: Welch ein überwältigendes Erlebnis, gerade auch für Kinder, wenn ein wilder Vogel auf die Hand kommt und sich Futter holt. Wieviel reicher werden wir durch solche Erfahrungen, wieviel ärmer wären wir ohne sie. In der großen Rede des Häuptlings Seattle steht dieser Satz, der immer neuen Nachdenkens wert ist:

> Gäbe es die Tiere nicht,
> der Mensch ginge zugrunde
> an großer Einsamkeit
> des Geistes und der Seele.

Mir scheint, daß wir gerade in dieser großen Liebe der Kinder zu Tieren Möglichkeiten zur Einfühlung in die Schöpfung haben wie sonst nirgends. Es geht uns in diesem Zusammenhang noch nicht um die Sensibilisierung für das Leiden der stummen Kreatur unter dem Menschen, sondern um das Erstaunen vor ihrer eigenen Lebendigkeit, ihrer Lebensfreude – und um die Entdeckung, wie liebenswert sie gerade darin sind. Der Anblick ihrer vollkommenen Schönheit und Anmut gibt Anlaß zum Lob ihres Schöpfers, und in den Äußerungen ihrer Lebensfreude loben sie ihn selbst. Die Sehnsucht der Kinder nach einer nicht mehr gestörten Gemeinschaft mit den Tieren wird in der Bibel in den Bildern des Paradieses wie der endzeitlichen Erlösung aufgenommen. Und so gehört es jedenfalls auch zur Didaktik des Lobes, Kindern zu helfen, daß sie eine Sprache finden für diese Freude und Sehnsucht nach der Gemeinschaft mit den Tieren.
Es ist wahr, daß Kinder auch unbegreiflich grausam mit Tieren umgehen können. Das zeigt nur, daß die Sensibilität für den Umgang mit Tieren nicht von selbst vorhanden ist, sondern erst erschlossen werden muß. Wo sie aber erschlossen ist, erwächst daraus gerade im Kindesalter die Bereitschaft zu einer ganz großen Liebe. Unvergeßlich ist mir ein Foto, das in den vergangenen Jahren mehrfach in Unterrichtsbüchern und -modellen zu finden war: ein kleiner Junge, der mit der Gebärde ganz großer Trauer seinen toten Hund im Arm hält. Oder ich denke an den Zehnjährigen, der uns, selbst krank, unter den vier größten Fragen seines Lebens diese aufschrieb: »Wie lange lebt mein Hund noch?« Wenn die Fähigkeit zum Lob

aus der Liebe wächst, dann haben wir hier den Punkt gefunden, an dem die Kinder in besonderer Weise fähig sein müßten, ihre eigene Sprache des Lobes zu entwickeln.

6.5
Wasser und Wind, Tag und Nacht

> DA IST DAS MEER SO GROSS UND WEIT (V. 25)

Wir wissen, daß die Grammatik des Lobes nicht nur die direkte Anrede kennt; wir entdecken immer wieder in den Lobpsalmen Sätze, die nichts anderes sind als eine Feststellung im Ton des Erstaunens, und indem wir sie nachsprechen, geraten wir selbst in Erstaunen. Das ist immerhin merkwürdig, denn logisch ist der eben zitierte Vers nichts als eine erbärmliche Tautologie: Es gehört ja zum Begriff des Meeres, daß es groß und weit ist; sonst wäre es ein See, ein Teich oder ein Tümpel. Aber es ist etwas anderes, dies zu wissen oder es wahrzunehmen; es gehört einiges dazu, das Meer anders als in der Touristik-Werbung wahrzunehmen, nicht als Kulisse für Sonnencreme und Bademoden, sondern wirklich in seiner Größe und Weite. Dazu gehört eine unverbrauchte Landschaft und eine unverbrauchte Jahreszeit, aber auch eine unverbrauchte Sprache, die es erlaubt, solche Selbstverständlichkeiten neu auszusprechen.
An solchen einfachen Entdeckungen ist der Psalm 104 überreich. Da sind die Quellen und Bäche, die Wasser, die zwischen den Bergen dahinfließen, aus denen die Tiere des Feldes trinken. Das Lob hat hier die Form der direkten Anrede; das Wasser wird unmittelbar als kostbare Gabe begriffen. Das scheint unseren Kindern, denen das Wasser mühelos aus der Leitung zur Verfügung steht, nur schwer vermittelbar zu sein; auch wir haben die Kostbarkeit des Wassers ja erst an der beklemmenden Einsicht, daß die Ressourcen erschöpfbar sind, neu begreifen müssen. Bei Kindern aber bedarf es nicht dieses Hinweises auf den drohenden Mangel; sie können das Wasser neu entdecken, wenn sie es einmal anders als aus der Wasserleitung in seinem natürlichen Zusammenhang erleben, den Bach in der Wiese, die Quelle in den Bergen; selbst am Regen können sich Kinder manchmal noch ganz ursprünglich freuen.
Für ökologisches Denken gehört neben dem Wasser die Luft zu den kostbaren, gefährdeten Ressourcen, von denen alles Leben abhängt. Auch der 104. Psalm thematisiert die Luft, aber in einer eigenartigen Weise. Am Anfang heißt es:

> DU KOMMST AUF DEN FITTICHEN DES WINDES
> DU MACHST WINDE ZU DEINEN BOTEN (V. 3f)

und am Ende:

DU NIMMST WEG IHREN ODEM
SO VERGEHEN SIE
UND WERDEN WIEDER ZU STAUB
DU SENDEST AUS DEINEN ODEM
SO WERDEN SIE GESCHAFFEN
UND DU MACHST NEU DIE GESTALT DER ERDE (V. 29f)

An beiden Stellen, für den Wind ebenso wie für den Atem Gottes und der Menschen, steht das gleiche hebräische Wort *ruach.* An anderen Stellen übersetzen wir das gleiche Wort mit »Geist«; in jeder seiner Nuancen bezeichnet es Lebendigkeit im Bilde des Atems, Bewegung als das Geheimnis des Lebens. Es ist der Atem Gottes, der aus dem Propheten spricht, und der gleiche Atem, der aus dem anfänglichen Chaos die lebendige Schöpfung werden läßt (1.Mose 1,2).

Der Psalm knüpft diese Verbindung der Bedeutungen, die in dem hebräischen Wort *ruach* schon angelegt ist, mit seinen Bildern noch enger. In dem Wind ist etwas von dem Atem des Lebens zu spüren, in der Frische der Luft der Atem Gottes, der die Gestalt der Erde erneuert. In der Luft, die wir atmen, wird abermals die Kostbarkeit des Lebens erfahrbar. Wieder sind wir ganz nahe bei den Worten des Häuptlings Seattle:

Die Luft ist kostbar,
denn alle Dinge teilen denselben Atem,
das Tier, der Baum, der Mensch –
sie alle teilen denselben Atem.
Der Wind gab unseren Vätern
den ersten Atem und empfängt ihren letzten.
Der Wind muß auch unseren Kindern
den Lebensgeist geben.

Zu den großen Themen des Lobes, die der 104. Psalm entfaltet, gehört schließlich auch der Rhythmus der Zeit, der Wechsel von Tag und Nacht.

DU HAST DEN MOND GEMACHT
DAS JAHR DANACH ZU TEILEN
DIE SONNE WEISS IHREN NIEDERGANG
DU MACHST FINSTERNIS
DASS ES NACHT WIRD
DA REGEN SICH ALLE WILDEN TIERE
WENN ABER DIE SONNE AUFGEHT
HEBEN SIE SICH DAVON
SO GEHT DANN DER MENSCH AUS AN SEINE ARBEIT
UND AN SEIN WERK BIS AN DEN ABEND (V. 19–23)

An dem Wechsel von Sommer und Winter, Frost und Hitze, Tag und Nacht begreifen wir den großen Rhythmus der Zeit, in den unser Leben eingebunden ist, als Wohltat. Nicht zufällig nimmt die große Verheißung, die am Ende der Sintflutgeschichte den Fortbestand der Erde zusichert, gerade diesen Rhythmus als Siegel dafür, daß das Leben nicht aufhören soll (1.Mose 8,22).
Für die Kinder wird der Segen dieses Rhythmus wohl am nachdrücklichsten im neuen Morgen erfahrbar. In den Psalmen ist der Morgen recht eigentlich die Zeit des Lobes.

DEN ABEND LANG WÄHRT DAS WEINEN
ABER AM MORGEN IST FREUDE (30,6)
ICH ABER WILL VON DEINER MACHT SINGEN
UND AM MORGEN RÜHMEN DEINE GÜTE (59,17)

Den Morgen als Anlaß zum Lob zu entdecken: Dies war mein erster Versuch, den Kindern eine eigene Sprache des Lobes zu entlocken. Ich saß damals nach bewegenden Erfahrungen mit den Worten der Angst und der Klage einigermaßen ratlos vor den – wie ich meinte – viel zu schwierigen Lobtexten des Psalters. Das Wetter kam mir zu Hilfe: Über bereiften Wiesen ging wunderbar die Sonne auf; von dem Berg, auf dem die Schule liegt, sah man auf den Dunst in den Tälern hinab. So machte ich mit den Kindern einen Unterrichtsgang um den Berg und entwickelte daraus die Aufgabe, nun selbst eigene Morgenpsalmen zu schreiben. Ich blieb auch unbeirrbar bei dieser Aufgabe, allen Versuchen des Ausweichens zum Trotz; mit Sicherheit, sagte ich, könne das jeder von ihnen. Und das Ergebnis gab mir recht. Ich war selbst völlig überrascht, mit wieviel Sensibilität Elfjährige (mit nur ein wenig Nachhilfe) den Reiz und das Glück des erwachenden Morgens wahrnehmen:

Die Sonne scheint, das Gras ist mit Reif bedeckt.
Es ist kalt, und der Nebel schwebt über dem Land.
Die Straßen sind leer, es ist still. Im Hintergrund
zwitschern die Vögel, und die Tiere und Pflanzen erwachen
ZUM LEBEN.

Die Erfahrung des Morgens wird zum Lobpreis des Lebens. Das geschieht aber auch sehr eindrücklich, wenn auch sprachlich weniger differenziert, in dem folgenden Gedicht:

Wenn die Sonne aufgeht
die Vögel zwitschern
dann ist Morgen

Wenn die Blumen aufgehen
wenn ich mich wasche
dann ist Morgen

Morgen ist die schönste Zeit

Es gab auch Kinderpsalmen, die die Angst oder den Mißmut des Morgens ausdrücklich thematisierten:

Langsam kommt Leben in die Welt.
Morgenduft und Abgase werden vermischt . . .

oder in einer schon fast parodistischen Sprache:

Der Tau von der Wiese, der geht endlich weg,
nun kommt der große, große Alltagsdreck.

Daneben standen andere, die das Lob aussdrücklich aussprachen:

Die Sonne scheint, der Tag beginnt.
Ich rieche die gute Morgenluft
und gehe aus dem Haus.
Ich sage: Lieber Gott, ich danke dir für
den schönen Morgen

7
Wir machen das schönste Lied der Welt

Die Sprache der Freude kann sich mit dem gesprochenen Wort nicht begnügen. Die Freude drängt zum Singen und Spielen (144,9), ja zum Tanzen (149,3); alle Instrumente werden aufgeboten (150,3–5), ja die ganze Schöpfung, die »großen Fische und alle Tiefen des Meeres, Feuer, Hagel, Schnee und Dampf, Sturmwinde, Berge und alle Hügel, fruchttragende Bäume und Zedern, Tiere und Vögel« (148,7–10), und der Prophet läßt gar die Bäume tanzen und in die Hände klatschen (Jes 55,12). So müßten auch wir, wenn das Loben wirklich gelernt werden soll, all dies in unseren Unterricht mit einbeziehen: Singen und Spielen, Klatschen und Tanzen.
Das beflügelt unsere Phantasie, zeigt uns aber auch rasch unsere Grenzen. Wo ist schon ein Religionslehrer, der in der elementaren Musik- und Bewegungserziehung ebenso zu Hause ist wie in der elementaren Theologie? Was hier wirklich zu leisten ist, wird von den Voraussetzungen in der Lerngruppe und Schule ebenso abhängen wie von den persönlichen Möglichkeiten des Unterrichtenden. Aber lassen wir uns nicht gleich entmutigen, fangen wir erst einmal an, diese Spur weiterzuverfolgen.

7.1
Ich will dir singen

Wir hatten anfangs den Eindruck, daß in den Psalmen vom Lob überwiegend in der Form der Aufforderung gesprochen werde.

Die Statistik belegt diesen Befund eindrucksvoll: Die beiden einschlägigen Verben (*hll* pi. und *jdh* hi.) erscheinen in der hebräischen Bibel fast ausschließlich in den grammatischen Formen des Imperativs und Voluntativs, fast nie im Indikativ (außer in den Büchern des sog. Chronikwerkes; vgl. dazu Claus Westermann, in: THAT, Bd. 1, Sp. 494ff und 675ff). Glücklicherweise belassen es die Psalmen nicht bei der Aufforderung; Ps 104 etwa zeigt, wie sie aufgenommen und ausgeführt werden kann, und dabei wird sichtbar, in welchen Erfahrungen der Grund des Lobes zu finden ist. Trotzdem bleibt das Überwiegen der Aufforderung (»lobt ...«) und der Selbstaufforderung (»ich will loben«) auffällig.

Doch wenn das Lob wirklich die Sprache einer überströmenden Freude ist (und dafür spricht auch die Etymologie) – weshalb bedarf es dann noch so nachdrücklicher Aufforderung?
Der sprachliche Befund spricht eindeutig: Es ist eben nicht selbstverständlich, daß die Erfahrung des Segens in die Sprache der Freude überführt wird. Die Freude findet nicht von selbst, sondern noch schwerer als die Angst den ihr entsprechenden Ausdruck; sie muß ihn erst suchen und fin-

den. Gelingt das nicht, so wird mit der Sprache der Freude auch die Erfahrung des Segens versiegen, denn sie kann ohne Sprache in unserem Bewußtsein nicht Raum greifen.
An der entscheidenden Stelle aber, an der die Erfahrung des Segens umschlagen muß in den Ausdruck der Freude, steht die Aufforderung: Ich will dir singen. So führt uns das »ich will« genau auf den didaktisch fruchtbaren Moment hin. Die Erfahrung der Wohltat ist noch gegenwärtig; nun wird die Aufgabe formuliert. Die aufblitzende Freude sucht eine Form, in der sie sich weitervermitteln und wiederholen läßt. Was die Psalmen aus dieser Aufforderung machen, hat uns beispielhaft Psalm 104 gezeigt. Aber natürlich reizt es uns, jetzt zu versuchen: Was werden die Kinder damit machen? Werden sie aus diesem Impuls etwas Eigenes entwickeln können?
Es ist reizvoll, an dieser Stelle mit dem Unterricht einzusetzen. Der Einsatz hat freilich eine Schwierigkeit: Wo in den Psalmen die Aufforderung zum Lob steht, ist die Erfahrung des Segens noch unmittelbar gegenwärtig. Die Kinder müssen sie sich erst wieder vergegenwärtigen oder zumindest bewußtmachen. Aber vielleicht weckt ja gerade dieser Satz solche Erinnerungen.
Die Selbstaufforderung zum Lob »Ich will ...« begegnet in den Psalmen an vielen Stellen und in vielen Variationen. Wir suchen als ersten Gesprächsanreiz eine Form, die nicht schon durch die Wortwahl von den Kindern von vornherein als ›Sprache Kanaans‹ empfunden wird. Sie soll auch keine problematischen oder schweren Worte enthalten, die zunächst erläutert werden müßten. Wir finden eine solche einfache Wendung in Psalm 144,9:

GOTT ICH WILL DIR EIN NEUES LIED SINGEN
ICH WILL DIR SPIELEN
AUF DEM PSALTER VON ZEHN SAITEN

Die Angabe des fremdartigen Instrumentes (gemeint ist offenbar eine besonders volltönende Harfe) verfremdet den Text unnötig für die Kinder; lassen wir sie fort, so entsteht ein nach hinten offener Text, der die Kinder zu eigenen Ergänzungen anreizt.
Auch die Anrede »Gott« lassen wir zunächst einmal offen; nicht, weil sie eine Verfremdung oder Überforderung für die Kinder wäre; wir wollen ihnen den von dem Psalm gemeinten Adressaten auch nicht verheimlichen. Der Grund ist vielmehr, daß gerade die offene Form des Textes »Ich will Dir singen«, die den Angeredeten nicht benennt, die Kinder zum Nachdenken einlädt: Daß dieses Lied überhaupt jemandem zuliebe gedichtet und gesungen wird und wer dies ist, wird so zum Gegenstand des Gespräches und zur eigenen Entdeckung der Kinder.
Der Psalm, dem dieser Satz entnommen ist, hat nun freilich nicht das Lob der Schöpfung zum Thema; es ist ein kriegerischer Psalm, in seiner jetzigen Form wohl ein Partisanengebet aus der Zeit wachsender Unterdrükkung unter fremder Herrschaft. Aber da entsprechende Wendungen auch

in ganz anderen Zusammenhängen begegnen, kann der Zusammenhang hier nicht konstitutiv für das Verständnis sein. Wir haben das Problem der relativen Selbständigkeit der einzelnen Sätze der Psalmen schon oben im Zusammenhang der Klagepsalmen erörtert (s.o. S. 16f). So wie moderne Lyrik ungewöhnliche Aussagequalitäten erreicht, indem sie einzelne Worte ihrem gewöhnlichen semantischen Zusammenhang entfremdet in andere Zusammenhänge stellt, erreichen auch die späteren Psalmen eine besondere sprachliche Intensität gerade dadurch, daß sie elementare Sätze des Lobes aus früheren Zeiten bewußt als Kontraste in den Zusammenhang der gegenwärtigen Bedrängnis stellen.
Wir hatten den Satz in einem 3. Schuljahr so an die Tafel geschrieben:

ICH WILL DIR SINGEN EIN NEUES LIED

und warteten auf die Reaktionen der Kinder. Sie sagten:

- Ich glaube, wir lernen ein neues Lied.
- Es kann sein, daß das, was da geschrieben ist, ein neues Lied ist.
- Vielleicht ist es ein schönes Lied.
- Manche Männer singen auch Frauen Ständchen.
- Man kann anderen ein Lied singen.
- Auf dem Geburtstag singt man Lieder.
- Die Vögel singen auch Lieder.
- Manche Lieder haben schöne Melodien.
- Wenn man froh ist, singt man Lieder.
- Manche Lieder pfeift man auch.
- Indianer haben früher auch gesungen, wenn sie einen skalpiert haben.
- Man summt auch Lieder.
- Wenn man im Chor singt, muß man auch Instrumente haben.
- Manche Lieder handeln von Gott, die anderen nicht.
- Manche Lieder kann man auch selbst machen.

Das ist ein ganz alltäglicher, normaler Gesprächsgang, an dem sich aber Wichtiges erkennen läßt:
Die Kinder verstehen das Singen ganz ursprünglich als eine Äußerung starker Emotionen. Lieder können traurig und schön sein; wenn man fröhlich ist, singt man; Geburtstage werden assoziiert, aber auch grausame Erfahrungen von Kampf und Sieg.
Überraschend großes Interesse findet dabei die Form, in der die Gefühle geäußert werden. Man kann singen oder summen, aber auch pfeifen, und eigentlich muß man dazu auch Instrumente haben. Dabei ist am Ende ausdrücklich (nach meinem Empfinden aber auch schon am Anfang) der Gedanke im Spiel, man könne ein solches neues Lied selbst machen.
Die Unterrichtende fragt noch einmal nach, um den ersten Aspekt zu unterstreichen: Warum singen wir eigentlich ein Lied? Die Kinder sagen:

- zum Spaß
- wenn man sich freut
- um anderen eine Freude zu machen
- Die Vögel singen manchmal, um ihre Frau anzulocken.

Aber dann kommt auch noch ein ganz anderer Aspekt zur Sprache:

- damit ich einschlafen kann
- Wenn einer alleine ist, und es ist dunkel, dann singt er auch aus Angst.
- Ich singe, wenn ich in den Keller gehe. Ich habe nämlich Angst vor Spinnen.
  (Die anderen lachen).
- Morgens, wenn wir in die Klasse kommen und die Sonne scheint, singen wir ein fröhliches Lied.

Hat solch ein Lied einen Adressaten? Das Wort »Dir« wird einfach unterstrichen oder eingekreist. Die Kinder reagieren darauf:

- Wenn ich ein Lied erfunden habe, dann singe ich es einem anderen vor.
- meiner Schwester
- Katinka
- meiner Mutter
- Ich kann der Gott sein, der will Menschen ein Lied vorsingen.
- Nein, wir singen Gott ein Lied vor.

Das Gespräch zeigt an, in welcher Richtung die Kinder jetzt gern weiterarbeiten würden: Die Kinder würden gern selbst ein neues Lied erfinden, es singen und pfeifen, aber Instrumente sollten auch dabei sein. Das ist ein anspruchsvolles Vorhaben. Natürlich braucht das selbstgemachte Lied auch einen Text. Hier kommt das Interesse der Kinder, selbst ein Lied zu machen, unserem Interesse genau entgegen, mit den Kindern eine eigene Sprache der Freude zu finden. Also lassen wir uns darauf ein.

7.2
Eine Psalmensymphonie entsteht

Wie nehmen wir unser Vorhaben in Angriff? Kreativität braucht Freiheit; aber unbegrenzte Freiheit überfordert die Kreativität der Kinder. Eine aus unserer Gruppe hat ein einfaches Quodlibet im Kopf, vier anspruchslose Melodiezeilen, zunächst auf lala oder schrumm-schrumm zu singen. Im Laufe der Arbeit erweist sich, daß auch dieses Quodlibet noch nicht einfach genug war; der Rhythmus sollte deutlich und einprägsam, aber der Sprache der Kinder ganz angemessen sein, und die Melodien müßten sich auf Anhieb von selbst einprägen. Doch dieser musikalische Rahmen gibt uns die Möglichkeit, die nächste Arbeitsphase zu strukturieren: Die Klasse

teilt sich in Gruppen; jede Gruppe hat die Aufgabe, einen Text für ihre Melodiezeile zu finden. Es soll ein schönes Lied werden, sagen wir den Kindern. Sie machen daraus eine Überschrift für das ganze Vorhaben: »Wir machen das schönste Lied der Welt!«
Das Überzeugende dieser ersten Arbeitsergebnisse lag freilich mehr in den Inhalten als in der (noch nicht ganz gelungenen) Form. Sie sprechen einfach die Freude aus: »Wir freuen uns, daß wir singen können!« oder »Alles ist schön, alles ist schön, alles ist wunderbar!« Bäume und Blumen werden thematisiert, das Wasser in mehrfacher Gestalt: der Bach, der See, der Regen; mit Abstand am häufigsten aber kommt die Freude an Tieren zu Wort. Hier empfinden die Kinder am stärksten so etwas wie Mitgeschöpflichkeit.

Die Mitarbeit in den Gruppen war sehr rege; die Vorschläge überschlugen sich geradezu. Offenbar fällt es den Kindern nicht schwer, ihre eigene Sprache der Freude zu finden, wenn nur ein Anstoß da ist und eine Situation, in der es sich lohnt, die Freude zu formulieren. Wozu brauchen sie dann noch die Psalmen?
Nun, zum einen fehlt es eben im Alltag der Kinder an solchen Situationen. In der Regel hat die Freude wenig Anlaß und Raum, nach ausdrücklicher sprachlicher Artikulation zu suchen. Und ohne die Absicht, an Lobpsalmen zu arbeiten, hätten wir auch im Unterricht keinen Anlaß dafür geboten.
Und ebendies ist zum anderen zu bedenken: Daß auch für den Ausdruck der Freude die sprachliche Kompetenz nur durch Übung wachsen kann. Die Spontaneität ist groß, aber die Form der Äußerung bleibt ganz offensichtlich in der Regel weit hinter dem Empfundenen zurück, macht manchmal hilflose Anleihen beim Kitsch der Erwachsenen, um die eigene Emotionalität stärker betonen zu können, und bleibt in alledem jedenfalls noch weit hinter jener Form eigener Sprache zurück, die uns das Gefühl gibt, auf festem Boden zu stehen.
Und noch ein dritter Aspekt wird jetzt deutlicher als zuvor. Wir brauchen die Sprache der Freude nicht nur als Ausdrucksmöglichkeit in den Augenblicken großer Freude; findet die Sprache des Lobes eine gültige Form, dann wird die Freude wiederholbar, auch in Zeiten ambivalenter oder düsterer Stimmungslage. Und diese Wiederholbarkeit erst verschafft dem Lob die ihm angemessene Wirklichkeit. Denn die Güte und Schönheit der Schöpfung, die uns in manchen Augenblicken überwältigend offenbar wird, ist ja nicht nur eine Sache solcher Augenblicke, sondern sie umgibt uns ständig. Soll das Lob des Lebens, das Bewußtsein seiner Kostbarkeit, der überhandnehmenden Depression (die ja nichts anderes ist als eine permanente Anklage des Lebens) Widerstand entgegensetzen können, darf es nicht nur auf die Augenblicke unmittelbarer Freude beschränkt bleiben, sondern muß diese Stabilität der Wiederholbarkeit gewinnen. Dazu hilft die Sprache der Psalmen, indem sie zugleich den Grund der Freude auslotet.
Das Lied, das wir uns vorgenommen hatten, wuchs und wuchs. Instru-

mente sollten mit einbezogen werden, für den Rhythmus, aber auch um dem Text Farbe zu geben, schließlich auch als Zwischenspiel, sozusagen als musikalische Ausführung des Textes. So wurde das Lied zur Symphonie. Andere Texte wiederum lösten Einfälle zur pantomimischen Gestaltung aus, und so bekam unsere Psalmensymphonie auch noch tänzerische Einlagen. Das alles wuchs uns am Ende fast über den Kopf, aber auch der Psalter bietet ja alles auf, um das Lob noch zu steigern. Es war ohnehin die letzte Stunde, und als die Kinder nach Hause gingen, war das ganze Treppenhaus voll von den Klängen unseres Liedes.
Das alles hatte wahrhaftig etwas vom siebenten Schöpfungstag an sich: ein Fest nach getaner Arbeit, ein Tag der Feier und Freude, ein Tag des Singens und Tanzens. Nicht nur ich empfand das so, auch die Studenten beschrieben es ähnlich. Unser Singen, so unzulänglich es war, war doch schon so etwas wie das Loblied der Erlösten; und in den Psalmen sprechen nicht nur die Geängsteten in den Bildern ihrer Träume, sondern gerade auch als die Erlösten sollen wir »sein wie die Träumenden« (Ps 126,1).
Trotzdem kehren wir jetzt noch einmal zurück auf den Boden alltäglicher Arbeit und stellen uns einem letzten notwendigen, selbstkritisch angelegten Arbeitsgang.

7.3
Deine Worte sind mein Lied

Das Überzeugende an unserer Psalmensymphonie war die überschäumende Begeisterung der Kinder. Sie sprengte im Grunde alle Formen. Das hat, wenn es um die Sprache der Freude geht, ohne Frage sein Recht. Aber uns lag ja auch daran, den Kindern etwas von der Psalmensprache einzuprägen, als eine gültige Sprache der Freude, im Feuer vieler Leiden gehärtet. Auch von den Worten der Psalmen gilt, daß die Sprache der Freude eigentlich gesungen sein will; auch hier könnte das Singen eine Hilfe sein, den Text intensiver zu erfassen und noch besser einzuprägen. Wir müßten dazu aber eine Musik finden, die nicht aus der Freude an der Fülle der Klänge lebt, sondern aus dem sorgfältigen Hören auf die Sprache der Psalmen, die den Worten genau folgt und sie so noch stärker zum Leuchten bringt. Und am stärksten wird sich eine solche Melodie einprägen, wenn wir sie mit den Kindern gemeinsam finden. Wir erwarten dabei ja keine Ergebnisse von besonderer Originalität und Ausdruckskraft, sondern einfache Tonfolgen, die aber den Psalmentext zu tragen vermögen.
Der Weg dahin muß jedenfalls bei der Entdeckung des Rhythmus der Sprache beginnen. Wir müssen versuchen, den Satz gemeinsam zu sprechen; das kann nur gelingen, wenn er einen deutlichen Rhythmus hat. Luthers Psalmenübersetzung hat einen solchen ausgeprägten Rhythmus, anders als die meisten modernen. Dann können wir den Rhythmus, der sich beim gemeinsamen Sprechen herausbildet, klatschen oder klopfen; das Ergebnis läßt sich, sei es in Notenschrift, sei es mit anderen Symbolen, an der Tafel festhalten.

Der so entdeckte Rhythmus kann uns zu interessanten Vergleichen anstoßen. Schon der Rhythmus hat ja eine bestimmte Ausdrucksqualität; die hebräische Sprache kennt ein besonderes Metrum der Klage. Es kommt nur darauf an, daß wir den Psalmenworten nicht ein bestimmtes Versmaß überstülpen, sondern wirklich auf ihren eigenen Rhythmus hören und sie wieder und wieder sprechen. Ein solches Einsprechen mit behutsamer Arbeit an der Art des Sprechens hat - darauf hat Karl Witt immer wieder hingewiesen (z.B. in: Konfirmandenunterricht 75ff) - eine erschließende und einprägende Wirkung zugleich.
Aus der Entdeckung des Rhythmus erwachsen fast von selbst erste Versuche, eine Tonfolge zu finden. Dafür kann es gut sein, Kinder vom Zwang des Vorsingens zu befreien; auf dem Xylophon oder Glockenspiel können sie probieren und, was sie gefunden haben, unbefangener vorstellen als mit der eigenen Stimme. Problematisch ist hier nur die Größe der Gruppe; solch ein Probieren und Finden ist nur in kleinen Arbeitsgruppen möglich, setzt also Gruppenarbeit voraus; aber jede Gruppe wird dabei, wenigstens zeitweilig, die Hilfe eines einfühlsamen Moderators brauchen. Die Teilnehmer von Hospitationsgruppen bieten dafür eine gute Möglichkeit.
Solche Kreativität der Kinder, sagten wir, braucht feste Vorgaben. Die musikalischen Mittel müssen begrenzt sein, auch etwa der Tonraum. Vor allem aber sind, wenn wir diesen Weg gehen, feste Textvorgaben notwendig, Formulierungen aus den Psalmen. Hier erweisen sich wieder unsere Wortkarten als ein ideales Arbeitsmittel: Die starken Formulierungen der Psalmen sind festgeschrieben, so daß sie sich einprägen und ein Wiederfinden in der Bibel ermöglichen. Aber die Kinder behalten die Freiheit, unter ihnen auszuwählen und eine neue Ordnung zu finden für das neue Lied, das wir machen wollen.
Die erste feste Textvorgabe ist der Satz, von dem wir ausgingen, der das ganze Vorhaben in Gang gesetzt hat:

ICH WILL DIR EIN NEUES LIED SINGEN (144,9)

Wir können diesen Satz durch eine Umstellung rhythmisch vereinfachen; dann fügt sich auch die Fortsetzung noch besser an:

ICH WILL DIR SINGEN
EIN NEUES LIED
ICH WILL DIR SPIELEN
AUF MEINEM INSTRUMENT

Nennt dieser Vers das Thema und Motiv des ganzen Vorhabens, so liegt es nahe, ihn auch musikalisch als ständig wiederkehrendes Motiv zu nehmen, als Kehrvers. Das ist eine dem Psalmengesang von alters her nicht fremde Kategorie. Wir bewegen uns ja mit dem Versuch, eine den Texten angemessene Tonsprache zu finden, ohnehin in der Richtung auf den gregorianischen Psalmengesang; und dort gehört zu jedem gesungenen Psalm die Antiphon, ein Satz aus einem anderen Psalm oder einem anderen biblischen Textzusammenhang, der wie ein Kehrvers mehrfach wiederaufgenommen wird. Unser didaktischer Ansatz, Texte aus unterschiedlichen Psalmen miteinander in einen engen Dialog zu bringen, wird also auch durch die liturgische Praxis des Psalmengesanges gerechtfertigt; auch moderne Formen des Psalmengesanges, etwa die von Taizé, bleiben bei dieser Form des Kehrverses.

Wir finden in den Psalmen noch viele andere Stellen, die auch als Kehrverse geeignet wären, etwa:

MEIN HERZ IST FRÖHLICH
UND ICH WILL DICH LOBEN
MIT MEINEM LIED (28,7)

Möglicherweise entdecken die Kinder selbst die formalen Möglichkeiten, die ein Kehrvers bietet, und experimentieren damit.

Als Texte für unser Lied greifen wir auf die Sätze zurück, die wir bei der Arbeit am 104. Psalm und ähnlichen Lobpsalmen festgehalten haben. Mitunter waren kleine Eingriffe in den Wortlaut der Übersetzung notwendig; natürlich sind solche Änderungen gerade auch bei der Arbeit an dem Lied erlaubt. Die Sätze in eine solche sinnvolle Reihenfolge zu bringen, in der sie im Folgenden erscheinen, sollte aber, wenn irgend möglich, Aufgabe der Kinder bleiben, und dabei sind auch ganz andere Formen der Ordnung, etwa in kleinen Strophen, möglich, überhaupt noch viele Formen nachgestaltender Arbeit. Aber das will ich jetzt nicht mehr ausführen, sondern als Appell an die Kreativität des Lesers stehenlassen; das letzte Wort in unserem Bericht sollen schließlich, wie es ihnen zukommt, die Lobpsalmen selbst haben:

GOTT MEIN GOTT WIE BIST DU SCHÖN
LICHT IST DEIN KLEID DAS DU ANHAST
DER HIMMEL DEN DU ÜBER UNS BREITEST
DER WIND IST DEIN BOTE
DIE ERDE STEHT FEST (104,1–5)
DA IST DAS MEER SO GROSS UND WEIT (104,25)
DU LÄSSEST WASSER QUELLEN IN DEN TÄLERN
DASS SIE ZWISCHEN DEN BERGEN DAHINFLIESSEN
DASS ALLE TIERE DARAUS TRINKEN
DARÜBER SITZEN DIE VÖGEL DES HIMMELS
UND SINGEN UNTER DEN ZWEIGEN
DIE BÄUME STEHEN VOLLER SAFT
DU MACHST DAS LAND VOLL FRÜCHTE
DU BRINGST DAS BROT AUS DER ERDE HERVOR (104,10–16)
DU MACHST DEN TAG UND DU MACHST DIE NACHT

SOMMER UND WINTER HAST DU GEMACHT (74,16f)
ICH FREUE MICH UND BIN FRÖHLICH (9,3)
DASS ICH SO WUNDERBAR GEMACHT BIN (139,14)
ICH FREUE MICH ICH FREUE MICH AN DIR
ICH WILL DIR SINGEN MEIN LEBEN LANG
UND MEINEN GOTT LOBEN SOLANGE ICH BIN
MEIN SINGEN SOLL DIR FREUDE MACHEN (104,33f)

Literatur

Albertz, Rainer, Art. Gebet II: Im Alten Testament, TRE 12 (1984) 34–42

Asscher-Pinkhof, Clara, Sternkinder, 9. Aufl. Berlin 1969

Barth, Chr., Die Errettung vom Tode in den individuellen Klage- und Dankliedern des Alten Testaments, Zollikon 1947

Barth, Karl, Evangelium und Gesetz (Theologische Existenz heute, Heft 32), München 1935

Becker, J., Wege der Psalmenexegese (SBS 78), Stuttgart 1975

Bloch, Ernst, Atheismus im Christentum. Zur Religion des Exodus und des Reichs, Frankfurt/M. 1968

Böll, Heinrich, Doktor Murkes gesammeltes Schweigen, 245.–255. Tsd. Köln 1977

Bonhoeffer, Dietrich, Widerstand und Ergebung (Neuausgabe, 3. Aufl.), München 1985

Crüsemann, Frank, Studien zur Formgeschichte von Hymnus und Danklied in Israel (WMANT 32), Neukirchen-Vluyn 1969

Gese, Hartmut, Vom Sinai zum Zion. Alttestamentliche Beiträge zur biblischen Theologie, 2. Aufl. München 1984

Grosch, Heinz, Religionspädagogik am Scheideweg, Gütersloh 1974

Gunkel, Hermann / Begrich, Joachim, Einleitung in die Psalmen, Göttingen 1933 (Neuauflage 1966)

Harnisch, Günter, Erziehung der Gefühle (Neue pädagogische Bemühungen 93), Essen 1983

Jülicher, Adolf, Die Gleichnisreden Jesu, 2. Aufl. Tübingen 1910

Jüngel, Eberhard, Metaphorische Wahrheit, in: *Paul Ricoeur / Eberhard Jüngel*, Metapher. Zur Hermeneutik religiöser Sprache (Sonderheft Evangelische Theologie), München 1974, 71–122

Kabisch, Richard, Wie lehren wir Religion? Methodik des evangelischen Religionsunterrichts, Göttingen 1910

Keel, Othmar, Feinde und Gottesleugner (SBM 7), Stuttgart 1969

–, Die Welt der altorientalischen Bildsymbolik und das Alte Testament. Am Beispiel der Psalmen, Neukirchen-Vluyn 1979

Kraus, Hans-Joachim, Theologie der Psalmen (BK XV/3), Neukirchen-Vluyn 1979

Kittel, Gisela, Die Sprache der Psalmen, 2. Aufl. Göttingen 1975

Mitscherlich, Alexander, Auf dem Weg zur vaterlosen Gesellschaft. Ideen zur Sozialpsychologie, Frankfurt/M. 1963

Reents, Christine, Religion Primarstufe (RPP 17), Stuttgart 1975

Graf Reventlow, Henning, Das Gebet im Alten Testament, Stuttgart/Berlin/Köln/Mainz 1986

Rosenzweig, Franz, Der Ewige, in: *Ders.*, Kleinere Schriften, Berlin 1937

Roth, Heinrich, Erziehung als Umgang mit der Angst, in: *Klaus Wegenast* (Hrsg.), Theologie und Unterricht. Festgabe für Hans Stock, Gütersloh 1969, 88–95

–, Pädagogische Anthropologie, Bd. II: Entwicklung und Erziehung, Hannover 1971

Schwarz, Renate, Der ist gepflanzt wie ein Baum an den Wasserbächen, in: Schönberger Hefte 4/1979, 10–22

Seattle, Wir sind ein Teil dieser Erde, 12. Aufl. Olten/Freiburg 1984

Seybold, Klaus, Die Psalmen, Stuttgart/Berlin/Köln/Mainz 1986

Thielicke, Helmut, Theologische Ethik, Bd. I: Prinzipienlehre. Dogmatische, philosophische und kontroverstheologische Grundlegung, Tübingen 1951

Wegenast, Klaus, Religionsdidaktik Grundschule. Voraussetzungen, Grundlagen, Materialien, Stuttgart 1983

Westermann, Claus, Art. *jdh,* in: THAT, Bd. 1, München/Zürich 1971, 674–682
–, Lob und Klage in den Psalmen, Göttingen 1977
–, Ausgewählte Psalmen, Göttingen 1984
Witt, Karl, Konfirmandenunterricht, Göttingen 1959
Wolff, Karin (Hrsg.), Hiob 1943. Ein Requiem für das Warschauer Getto, Neukirchen-Vluyn 1983
Wolff, Hans Walter, Anthropologie des Alten Testaments, 4. Aufl. München 1984

Sela

Nachwort von Helmut Ruppel

».. . als Kind begegnet man Texten, Gebeten. Und die Gebete sprach das Kind – das Nachtgebet, das Morgengebet –, ehe es wußte, daß es eine Bibel gibt. Der Bezug auf die Bibel stellte sich schnell genug ein, aber nicht sofort . . . Diese Texte sind zum Teil den Psalmen entnommen . . .; somit ist also alles, was aus der Bibel kommt, in das Leben, das tägliche Leben verwoben . . .; man weiß, daß die Bibel immer da ist. Das mag auch erklären, warum jemand wie ich, der ich seit meinem 13. Lebensjahr ein Ungläubiger bin, in keinem Augenblick meines Lebens meine Stellung, ich würde fast sagen, meine Liebe zur Bibel aufgegeben oder auch nur vermindert habe.

Schauen Sie, ich will Ihnen einen Psalm lesen – das ist der wunderbare 23. Psalm, den ich seit meiner frühen Kindheit auswendig kann. Ich kann ihn singen – wir sangen ihn. Ich werde ihn nicht singen . . . Bedenken Sie, daß Millionen Menschen, zumeist einfache Menschen, die gerade soviel lesen konnten, um das zu lesen, langsam, Wort für Wort, mitten im grausigen Alltag diese Worte fanden . . . Sie waren jene, die Tröstung fanden. Gott führte sie auf die grüne Aue. Gott deckte ihnen den Tisch im Angesicht des Feindes, das heißt, des Alltags . . .«

Er hätte ihn auch gesungen, der 70jährige Erzähler, Beobachter und bibeltreue Ungläubige Manes Sperber[1] aus Ostgalizien, denn es sind die Stimmen, Töne, Wortspuren seiner Kindheit. Sie haben ihn getragen, auch als er in Hitlers Gefängnissen saß; und er konnte die »Zeit aufbringen«, aus dem Psalm 115 sich aufzusagen:

»Warum sollen die Heiden sagen ›Wo ist denn ihr Gott?‹. Unser Gott ist im Himmel, er kann schaffen, was er will. Ihre Götzen aber sind Silber und Gold, von Menschenhänden gemacht . . ., kein Laut kommt aus ihrer Kehle. Die solche Götzen machen, sind ihnen gleich . . .«

Das herzerleichternde Ansingen gegen Lüge und Unrecht, das streitend-anspruchsvolle Vertrauen zur Schöpfung angesichts vieler Spukgestalten, draufloshandelnder Mächte und tauber Ohren ringsum, in verletzenden Widerspruchserfahrungen, aus den Flammen heraus den Traum weitergeben von dem Fels, dem Ort, der Wasser gibt, und dem Garten, der Schatten schenkt – dieses Ansingen, diese Sprache ist wissend-nichtwissend, sicher-unsicher, hartnäckig-annähernd, hilferufend und unwiderstehlich.

Es ist nicht die Sprache der Termini, das »geschlossene Ganze« der neuen

1 In: Sie werden lachen – die Bibel. Erfahrungen mit dem Buch der Bücher, hg. von *H. J. Schultz*, dtv, München 1985, S. 135.146f

Computersprache: vereinbarte Ausdrücke, eins ist eins, tot ist tot. Nicht dieser Sprache ist dieser Band auf der Spur – fast unnötig, es anzumerken.
Er ist auf »Wortspuren« und in »Atemwenden« einer anderen Sprache, die Kinder und Erwachsene näher zueinander bringt, weil sie mehrdeutig, doppelsinnig, andeutend, ursprünglicher, unbezwingbar ist. Sie ist so unlogisch, wie Kinder unlogisch sind. Sie sagt: Wir sind eins – wer anders spricht, kommt auf zwei Füße, vier Hände ... Wie sollen wir diese andere Sprache nennen, in der die »Wahrheit« des Psalmenwortes hervortritt?
Der holländische Theologe und Dichter Oosterhuis nennt sie die Sprache, die »appelliert an die eigene schöpferische Kraft jedes Menschen. Die einzige Sprache, die dem Menschen ebenbürtig ist.«[2] Dies »buchstabiert« die Arbeit von Ingo Baldermann – sie erkundet gemeinsam mit den Schülerinnen und Schülern jene Geburtssprache des Glaubens, die schöpferisch ist, die aufbauen kann, öffnen, erinnern, hingerissen loben, unbeirrt träumen, ausschwingend jubeln.
Diese Sprache ist nicht »treffsicher«, zuweilen ist sie fadenhaft eng, spricht von nachgebendem Boden, zieht sich zusammen »in unserem Essigmund« (Marie Luise Kaschnitz), schöpft Atem und »macht sich Luft« und schwingt aus, schöpferisch-atemschöpfend.
»Manchmal ist das Herz sichtbar, und manchmal ist es unsichtbar« (Schir Haschirim Raba 5) – so offenbart es die Sprache der Bibel. Sie wahrzunehmen, sie zu hören und sie zu lernen – in ihre Wortspur verweist diese Arbeit in und mit der einzigen Sprache, »die dem Menschen ebenbürtig ist«.
Ingo Baldermanns didaktische Entscheidung für sie ist zugleich eine Entscheidung gegen eine Sprache, der ein großer Teil von Kirche und Gesellschaft, Pädagogik und Theologie als wahrheitsproduktiv vertraut und die uns seit langem heimlich alle prägt und treibt: die Sprache des Geständnisses. Zur höchstbewerteten Technik der Wahrheitsproduktion ist das Geständnis geworden – jeder gesteht, sei es in der Medizin, in der Pädagogik, in der Familie, in der Liebe, ständig und alles wird gestanden, häufig sogar »offengestanden«. »Im Abendland ist der Mensch ein Geständnistier geworden« (Michel Foucault).[3]
Baldermann wendet sich exemplarisch beim Thema »Angst« gegen die pädagogisch verbrämte »Verpflichtung zum Geständnis«, die mehr über unsichtbare Machtbeziehungen und Wahrheitsverständnis sagt, als wir uns bewußt sind.
Das Geständnis der Wahrheit hat sich auch ins Herz vieler didaktischer Verfahren eingeschrieben. Was hier, beim »Erfassen der Wahrheit«, an Machtstrukturen sich manifestiert, ist dem biblischen Lernen zutiefst entgegengesetzt. Die Herrschaft liegt beim Lauschenden, nicht mehr bei dem, der spricht, antwortet, weiß und fragt ... Baldermanns Abwehr und sein

2 *H. Oosterhuis,* Im Vorübergehen, Freiburg/Br. 1970, S. 366
3 *M. Foucault,* Sexualität und Wahrheit, Frankfurt/M. 1983, S. 75ff

Plädoyer für die Sprache der schöpferischen Kraft jedes Menschen ist angesichts der – auch pädagogischen – Geständnisrituale befreiend und vermag ins Nachdenken zu führen.
»Ich muß noch einmal Psalmen schreiben . . ., das Reimen hält zu sehr auf. Man muß nicht alles zur Gitarre singen können« – auch Bert Brecht war nachdenklich geworden, recht früh schon, er war gerade 22 Jahre alt . . . Er ruft sich zur Ordnung; Psalmen – das darf keine vergessene Gattung werden!
Die Bedeutung des Wortes »Sela« ist dunkel und umstritten, es heißt neben »Psalmenende« (Gottfried Benn) auch »Zwischenzeichen« und »Erhebung, Bestärkung«. So sagt es Paul Celan seinem Herzen vor:

Chöre, damals, die
Psalmen. Ho, ho-
sianna.

Also
stehen noch Tempel. Ein
Stern
hat wohl noch Licht.
Nichts,
nichts ist verloren.

Ho-
sianna.

Bibelstellenregister

Stichwortregister

Namenregister